Andrew Murray
Hingabe – der Ruf an den Glaubenden

Andrew Murray

Hingabe – der Ruf an den Glaubenden

Brunnquell-Verlag
der Bibel- und Missions-Stiftung
7430 Metzingen

Originaltitel: The Believer's Call to Commitment
by Andrew Murray
Übersetzung: Leslie Richford, B. A. und Jutta Suthau

Umschlaggestaltung: Heinz Giebeler, Metzingen
Titelbild: Bildarchiv Huber, Garmisch-Partenkirchen
Fotosatz: Typographie Helmut Paul, Vaihingen (Enz)
Gesamtherstellung: Ebner Ulm

Printed in Germany
ISBN 3-7656-0251-5

Der Verfasser

ANDREW MURRAY wurde im Jahre 1828 in Südafrika geboren. Nach seiner Ausbildung in Schottland und den Niederlanden kehrte er nach Südafrika zurück, wo er viele Jahre als Pastor und Missionar tätig war. Er war ein unerschütterlicher Verfechter biblischen Christentums. Bekannt geworden ist er hauptsächlich durch seine vielen geistlichen Schriften.

Inhalt

1. Das Gebetsleben und die Hingabe 9
2. Hingabe – der neutestamentliche Maßstab 14
3. Hingabe – der große Mangel der Kirche 19
4. Die Hingabe und das geistliche Leben 24
5. Die Versiegelung mit dem Heiligen Geist 29
6. Der Geist der Weisheit 34
7. Der Geist des Zugangs zum Vater 39
8. Der Tempel des Geistes 44
9. Der Geist der Mission 49
10. Der Geist der Kraft 55
11. Die Einheit im Geist 60
12. Der Geist der Einheit 66
13. Das Betrüben des Geistes 70
14. Erfüllt mit dem Heiligen Geist 75
15. Das Schwert des Geistes 80
16. Der Geist des Gebets 85
17. Zusammenfassung des Epheserbriefs 90
18. Um eures Unglaubens willen 95
19. Bei Gott ist es möglich 100
20. Ihm sei die Ehre 105

Anmerkungen 110

Vorwort

Vor einigen Jahren wurde ich gebeten, für die Zeitschrift *Lovedale Christian Express* eine Reihe von Artikeln unter der Überschrift „Hilfen zur Andacht“ zu verfassen. Damals hatte ich mich in ein Studium des Epheserbriefs vertieft. Ich dachte, es sei vielleicht möglich, diese Studie mit der Bitte um Unterstützung des geistlichen Schwerpunkts der Zeitschrift zu verbinden. Aus diesem Impuls heraus schrieb ich zwei der einleitenden Kapitel und die zwölf Kapitel, in denen es um die hervorstechenden Merkmale des Epheserbriefs geht.

Ich bin mir zutiefst meiner Unfähigkeit bewußt, die Schätze, die Gott in diesem Brief für seine Gemeinde bereithält und die ich hier erkannt zu haben glaube, völlig darzulegen. Ich habe es aber dennoch gewagt, das vorliegende Material herauszugeben, in der Hoffnung, Gott könne es gebrauchen, um einigen seiner Kinder zum Verständnis zweier wesentlicher Wahrheiten zu verhelfen: 1. Der Maßstab wahren Christseins, wie er uns im Epheserbrief geschildert wird; 2. Die Zusicherung Gottes, daß er fähig und bereit ist, den ganzen Inhalt dieses Briefes in unserem persönlichen Leben wahr zu machen.

Ich gebe dieses Buch mit dem Gebet heraus, das Paulus in seinen Briefen aufnahm: „Der Gott unseres Herrn Jesus Christus, der Vater der Herrlichkeit, gebe euch den Geist der Weisheit und der Offenbarung, ihn zu erkennen.“ Wenn wir nicht in großer Offenheit und Belehrbarkeit den Heiligen Geist suchen, empfangen und uns ihm ausliefern, werden die Wahrheiten dieses Briefes vor unserem Geist verborgen bleiben. Haben wir aber einen gelehrigen Geist, so werden wir erfüllt werden „mit der Erkenntnis seines Willens in aller Weisheit und geistlichem Verständnis“. Als geistliche Menschen werden wir dann mit Wahrheiten vertraut werden, die das menschliche Fassungsvermögen übersteigen. Dann werden wir befähigt, seine Kraft zu erleben – die Kraft dessen, der in uns „überschwenglich tun kann über alles, was wir bitten oder verstehen“.

Andrew Murray
Clairvaux/Südafrika
im Oktober 1909

Kapitel 1

Das Gebetsleben und die Hingabe

„Bete zu deinem Vater im Verborgenen; und dein Vater, der in das Verborgene sieht, wird dir's vergelten öffentlich“

(Matthäus 6,6).

Das Wort „Andacht“ verwenden wir mit zweifacher Bedeutung: zum einen im Hinblick auf das Gebet in unseren öffentlichen oder persönlichen Andachten, zum anderen im Hinblick auf den „andächtigen Geist“, den Geist der Hingabe an Gott. Diese letztere Haltung sollte unser tägliches Leben prägen. In unserem Bibeltext kommen beide Gedanken zum Ausdruck. Wenn wir bei der persönlichen Andacht unserem Vater, der in das Verborgene sieht, wahrhaftig begegnen, belohnt er uns öffentlich, gemäß seiner Verheißung, mit der Gnade die wir brauchen, um ganz und gar und fortwährend unsere ganze Persönlichkeit seinem Willen zu unterstellen und so zu seiner Ehre leben zu können. Der Akt der Hingabe in der persönlichen Andacht sichert uns also die nötige Kraft für jene Haltung der Hingabe, die sich zur Ehre Gottes auch auf unser Leben im Alltag erstrecken sollte.

Einen hervorragenden Abschnitt über dieses Prinzip der Hingabe an Gott finden wir in 3. Mose 27, 28: „Man soll Gebanntes nicht verkaufen oder ablösen, das jemand dem Herrn durch einen Bann geweiht hat...; denn alles Gebannte ist ein Hochheiliges dem Herrn.“ Die Geschichte des Achan (Josua 6, 17–18) ist ein sehr ernster Kommentar zu der Art und Weise, wie sich dieses Prinzip auswirkt: „Aber diese Stadt... soll dem Bann des Herrn verfallen sein ... Allein hütet euch vor dem Gebannten und laßt euch nicht gelüsten, etwas von dem Gebannten zu nehmen und das Lager Israels in Bann und Unglück zu bringen." „Gebannt" bedeutet hier: „Gott geweiht und somit für die Vernichtung vorgesehen." Die Strafe, die zunächst in Form einer Niederlage über Israel verhängt wurde und anschließend Achan traf, zeigt uns auf tragische Weise, wie ernst Gott selbst die Weihe oder die Hingabe nimmt. Hingabe bedeutet rückhaltlose und unwiderrufliche Auslieferung an Gott. Die Person oder Sache ist „dem Herrn hochheilig" und darf nie wieder zurückverlangt werden.

Eine Stärkung unserer Hingabe ließe sich durch viele Mittel bewirken. Die einfachste Methode wäre wohl, Einsichten in bezug auf unser Gebetsleben zu vermitteln und zu verdeutlichen, wie wir in der persönlichen Andacht Gott in Wahrheit anbeten können. Bei dieser Methode müßten wir die großen Hindernisse behandeln, die sich einem wirksamen Gebetsleben in den Weg stellen, und einige der Gründe dafür erklären, daß diese Hindernisse eine solche Macht auf uns ausüben. Diese Methode würde auch die Disziplinen zu ergründen suchen, die uns befähigen, effektiver zu beten. In einem Buch wie *Secret Prayer* („Das Beten im Verborgenen") von Dr. Moule findet man viele hilfreiche Gedanken, die einem genau das geben, was man in dieser Richtung braucht. Eine weitere Methode bestünde darin, über eine Reihe von Bibelstellen nachzudenken, um so unser Verlangen und unseren Glauben zu stärken. Das Nachdenken über die Heilige Schrift weckt im Leser geistliche Empfänglichkeit und Sensibilität. Sein Gebetsleben wird ihm dann zur Freude, weil er weiß, daß es Gott wohlgefällig ist. Viele haben Bücher wie Bowens *Daily Meditations* („Tägliche Andachten") oder Spurgeons *Day Book* (ebenfalls Andachten) als hilfreich empfunden.

Aber es gibt noch eine Methode, die, obwohl sie schwieriger ist, ihre Vorteile hat. Bei ihr geht es nicht in erster Linie um das Gebetsleben, sondern um jenen Geist der Verbindlichkeit und Hingabe, um jene Haltung, die uns jeden Augenblick prägen und die Tätigkeiten unseres täglichen Lebens mit wahrer Hingabe an Gott erfüllen sollte. Hauptziel dieser Methode wäre es, den persönlichen Charakter unseres geistlichen Lebens auf die Probe zu stellen. Der Christ wird dann auf folgenden Gebieten herausgefordert: Was er wirklich für den Sinn eines Lebens hält, das Gott, seinem Willen und seiner Ehre völlig ausgeliefert ist; seine Auffassung darüber, in welchem Ausmaß diese Hingabe absolut verbindlich und erreichbar ist; was er über sein bisheriges Gelingen und Versagen und über dessen Ursachen denkt; welches Maß an Selbstdisziplin und Selbstverleugnung er als erforderlich erachtet, um in diesem geistlichen Streben das Ziel zu erreichen.

Die Pädagogen sagen uns immer wieder, es sei bei allem Lehren die wichtigste Regel, das Interesse des Schülers zu wecken und ihn zu selbständiger Tätigkeit anzuregen. Erst wenn man ihm das Bewußtsein der eigenen Fähigkeiten eingeflößt und ihm geholfen hat, die Freude eines Sieges über scheinbar unüberwindliche Schwierigkeiten zu erleben, hat man ihm wirklich den Schlüssel gegeben, mit dem er eigenständig Wahrheiten entdecken kann. Niemand kann uns einen größeren Gefallen tun, als uns zu geistlichem Nachdenken und Verlangen anzuregen. Solche geistliche Anregung läßt uns ohne Vorbehalte an uns selbst arbeiten, so daß wir von ganzem Herzen nach jenem Leben der Hingabe trachten, das Gott am besten gefällt.

Viele haben Sokrates als den besten Lehrer bezeichnet, den die Welt je gekannt hat. Er vermittelte kein Wissen, sondern stellte ganz einfach Fragen. Er half seinen Schülern, zunächst ihre eigene Unwissenheit einzusehen, und dann ihre eigenen Fähigkeiten auf dem Gebiet des Denkens und der Logik zu erkennen. Schließlich lehrte er sie verstehen, daß der eigentliche Wert allen Wissens in dessen sittlicher Kraft bestehe (indem die Wahrheit in das Herz und das Leben aufgenommen wird). Eine ganze Reihe demütiger und nachdenklicher Suchender verdankten diesem Mann ihr Verständnis für die Tragweite seiner Worte: „Erkenne dich selbst."

In unserer Zeit geben die Menschen vor, für das persönliche Nachdenken über die göttliche Wahrheit nur noch wenig Zeit zu finden. Deshalb wäre es gut, nach einem modernen Sokrates Ausschau zu halten, der uns durch seine Fragen anregen könnte. Verstehen wir wirklich die Worte, die wir gebrauchen? Glauben wir die Wahrheiten, zu denen wir uns bekennen? Der Heide Sokrates könnte vielen Gläubigen die Bedeutung wahrer Frömmigkeit beibringen und ihnen Gründe genug geben, ihre Hingabe zu vertiefen. Einer unserer geistlichen Schriftsteller, William Law, ähnelt sehr dem Sokrates in seiner Unterrichtsmethode. Mit seinem tiefen Einblick stellt Law klar den fehlenden Wirklichkeitssinn vieler herkömmlicher Glaubensrichtungen dar. Er deckt die Inkonsequenz des Menschen auf, der zwar treu seine öffentlichen oder privaten Andachten einhält, gleichzeitig aber mit seinem ganzen Lebensstil an die Welt gebunden ist. Law versucht uns dahin zu bringen, daß wir uns selber erkennen, sowohl in unserer Unwissenheit als auch in unseren schlummernden Fähigkeiten. Sokrates berief sich stets auf eine innere Stimme und behauptete, ein Gott habe ihm befohlen, sein Leben damit zuzubringen, vor sich und anderen zu prüfen, ob wir uns dem rechten Leben hingeben. Genauso setzte es sich Law, besonders in seinen späteren Schriften, zum Ziel, in uns den Glauben anzufachen, daß Christus in unserem Herzen

wohnt und daß wir trotz all unserer Unwissenheit und Schwäche mit der Hilfe des Lebens und des Geistes Christi rechnen dürfen.
Einige Worte über das Wesen der geistlichen Hingabe aus dem ersten Kapitel von Laws *Serious Call* („Ernsthafter Aufruf") sollen zeigen, was ich hier meine. „Es gibt überhaupt keinen Grund, im Gebet ganz auf Gott zu schauen und gemäß seinem Willen zu beten, außer dem, der gleichzeitig beweist, wie notwendig es ist, daß wir auch in unserem Alltag ganz auf Gott schauen und seinen Willen und seine Ehre zu unserer Lebensregel machen ... Es gibt keinen Grund, weshalb unsere Gebete weise und heilig und himmlisch sein sollten, wenn nicht den, daß unser Leben von der gleichen Natur sein möge, und daß wir im gleichen Geist vor Gott leben sollen, in dem wir zu ihm beten."
Unsere erste Lektion lautet also: *Unser Leben muß genauso heilig sein wie unsere Gebete.* Unsere Gebete werden an der Frucht gemessen, die sie in der Heiligkeit unseres Lebenswandels bringen. Wahre Hingabe im Gebet wird durch die Gnade Gottes mit der Kraft belohnt, ein Leben in wirklicher Hingabe an Gott und sein Reich zu führen. „Bete zu deinem Vater im Verborgenen; und dein Vater, der in das Verborgene sieht, wird dir's vergelten öffentlich."
Wir wollen es Sokrates und William Law, wir wollen es unserem Herzen und unserem Gewissen erlauben, die Fragen mit neuem Nachdruck zu versehen, die diese Gedanken hervorrufen. Oder vielmehr, wir wollen es Jesus Christus selbst, unserem gepriesenen Lehrer, erlauben, uns dahin zu führen, daß wir unweigerlich entdecken, ob unsere Hingabe so ist, wie er sie haben möchte: eine völlige Auslieferung an Gott jeden Tag im Verborgenen und eine völlige Hingabe an seine Ehre den ganzen Tag über.

Kapitel 2

Hingabe – der neutestamentliche Maßstab

„Aber darum ist mir Barmherzigkeit widerfahren, auf daß an mir vornehmlich Jesus Christus erzeigte alle Geduld, zum Vorbild denen, die an ihn glauben sollten zum ewigen Leben“ (1. Timotheus 1, 16).

Jedes Urteil, das wir fällen, hängt ganz und gar von dem Maßstab ab, den wir anlegen. Wer mit dem Niveau eines gewöhnlichen Christenlebens zufrieden ist, wird, auch wenn er die Mängel in der eigenen Hingabe eingesteht, weder zutiefst von dessen Sündhaftigkeit überzeugt sein, noch davon, daß es möglich und auch dringend notwendig ist, etwas Höheres zu erstreben. Wenn wir jedoch beginnen, den neutestamentlichen Maßstab und dessen universale Verbindlichkeit zu erkennen, wird uns bewußt, wie sehr wir versagt haben. Wir werden der großen Sünde des Unglaubens überführt, nämlich des Unglaubens an die Kraft Jesu, die uns vor der Sünde bewahren und uns befähigen kann, ein Gott wohlgefälliges Leben zu führen. Gleich, wie unmöglich es in menschlichen Augen erscheinen mag, diesem Maßstab gerecht zu werden, teilt uns das Wort Gottes mit, daß es für den Gott nicht unmöglich ist, der durch die Kraft seines Heiligen Geistes in uns sowohl das Wollen als auch das Vollbringen bewirkt.

Es ist nicht leicht, den neutestamentlichen Maßstab der Verbindlichkeit zu entdecken. Unsere Vorurteile machen uns blind, und unsere Umwelt übt einen starken Einfluß auf uns aus. Wenn wir nicht den ernsthaften Wunsch haben, den ganzen Willen Gottes wirklich zu erkennen, und uns nicht im Gebet von der Lehre des Heiligen Geistes abhän-

gig machen, wird unsere Suche vergeblich sein. Aber jeder, der bereit ist, ganz und gar für Gott zu leben und ihm in allen Dingen zu gefallen, darf guten Mutes sein: Gott möchte, daß wir seinen Willen erkennen und hat verheißen, ihn uns durch seinen Heiligen Geist zu offenbaren.
Paulus sagt uns, daß Christus ihn zu einem Vorbild für alle Gläubigen gemacht hat, und ruft die Gemeinden häufig auf, seinem Vorbild nachzueifern (1. Korinther 4, 16,; 11, 1; Philipper 3, 17; 4, 9; 1. Thessalonicher 1, 6; 2. Thessalonicher 3, 9). Wollen wir das Wesen neutestamentlicher Verbindlichkeit studieren, können wir nichts Besseres tun, als uns Paulus zum Vorbild zu nehmen. Hier könnte die Frage auftauchen: „Warum brauchen wir auch Paulus, wenn Gott uns doch seinen eigenen Sohn als vollkommenes Vorbild gegeben hat?“ Die Antwort ist von wesentlicher Bedeutung.
Viele sind der Meinung, Christus sei in seiner sündlosen Vollkommenheit so sehr über alles erhaben, was wir selbst erreichen könnten, daß sein Vorbild dadurch erheblich an Bedeutung verliert. In Paulus jedoch, dem vornehmsten Sünder, sehen wir einen Menschen mit den gleichen Leidenschaften und Wünschen, wie wir sie haben. An ihm bewies Christus ein für allemal, was er für einen Sünder tun kann, nämlich ihn aus der Sünde retten und ihn vor der Sünde bewahren.
Was Christus für ihn tat, kann und will er auch für uns tun. Wenn wir Christen nur sorgfältig das verbindliche Leben studieren wollten, zu dem Christus Paulus befähigte, wären wir der Zeit einen Schritt näher gekommen, in der die völlige und uneingeschränkte Hingabe an Gott, wie sie uns in der Heiligen Schrift gelehrt wird, für ein wesentliches Element des wahren Christenlebens gehalten würde.
Vielleicht fragt jemand: „Wie kann es einen derart großen

Unterschied zwischen der Norm in unseren Kirchen und dem neutestamentlichen Maßstab geben? Ist es nicht so, daß unsere Glaubensbekenntnisse dem Worte Gottes den Ehrenplatz einräumen und die Heilige Schrift als unsere alleinige Lebensregel anerkennen?" Ein wenig Nachdenken wird uns die Antwort deutlich machen. Nicht lange nach den ersten Generationen von Christen begann ein erschreckender Verfall in der Kirche. Im Laufe der Zeit versank die Kirche in der Finsternis des Mittelalters. Erst zur Zeit der Reformation, als man die „Rechtfertigung durch den Glauben" predigte, gab es eine große Neubelebung christlicher Wahrheit, allerdings ohne eine entsprechende Neubelebung christlichen Lebensstils und christlicher Praxis.

Die Böhmischen Brüder, Nachfolger von Johann Hus, hatten bezüglich der Seelsorge an ihren Mitgliedern eine Kirchenordnung, die aufzeigte, wie Lehre und Lebenswandel untrennbar miteinander verbunden sind. Als diese Brüder eine Abordnung zu den Reformatoren schickten, beglückwünschte Calvin diese Gruppe, weil sie neben der reinen Lehre auch vorbildliche Disziplin und sittliches Verhalten aufrecht erhielten. Er fügte hinzu: „Wir haben schon seit langem den Wert eines solchen Systems erkannt, können es aber in keiner Weise erreichen." Ein anderer Reformator schrieb: „Ihr allein auf der ganzen Welt verbindet gesunde Disziplin mit reinem Glauben. Wenn wir unsere Kirche mit der Euren vergleichen, müssen wir uns schämen."

Zwar loben wir Gott für die Reformation, aber wir dürfen nie vergessen, daß *sie kein Pfingsten war.* Der Geist und die Kraft von Pfingsten waren etwas unendlich Größeres. Aus der Kirchengeschichte erfahren wir, daß es ein halbes Jahrhundert oder länger dauerte, bis einige der großen Lehren unseres reformierten Glaubensbekenntnisses völlig verstanden und formuliert wurden. Es war keiner Generation geschenkt, mehr als *eine* Wahrheit auf einmal zu erschließen.

Das gilt auch für die Reformation. Die ganze Kraft der Reformatoren wurde benötigt, um die großartige Lehre von der „Rechtfertigung durch den Glauben“ von den Irrtümern zu befreien, unter denen sie begraben lag. Die volle Auslegung der Lehren von der Heiligung, von der Kraft und dem Wirken des Heiligen Geistes und von der Berufung der Kirche, den Verlorenen das Evangelium zu predigen, wurde späteren Generationen vorbehalten.

Auch jetzt, wenn wir uns einem bedeutsamen Thema wie dem des wahren Maßstabs geistlicher Hingabe an Gott zuwenden, müssen wir uns hüten, unsere Antwort in der Reformation oder bei späteren Geistesbewegungen zu suchen. Unsere einzige Sicherheit liegt im sorgfältigen Studium dessen, was Pfingsten und die Heilige Schrift uns vor Augen malen. Durch die Offenbarung seines Sohnes im Leben des Paulus machte Gott den Apostel zu einem Beispiel und zu einem Garanten für das, was er für uns tun kann; deshalb dürfen wir sicher sein, daß Paulus’ vorbildliche Hingabe, seine Selbstaufopferung, seine Freude und sein Sieg uns helfen werden, den Weg zu finden, auf dem wir vor Gott wohlgefällig leben können.

Ich weiß nicht, wie ich mit ausreichender Ernsthaftigkeit Gottes Kinder auffordern und anregen kann, ihre persönliche Andacht zu einem Instrument zu machen, um *ein besseres Verständnis für das* zu entwickeln, *was Gott von Herzen gerne für uns tun möchte.* Es gibt ein von Gott selbst zubereitetes Leben, und der Heilige Geist wartet darauf, es in uns offenbar werden zu lassen. Dazu brauchen wir lediglich die Bereitschaft, einzusehen und zu bekennen, welch großer Mangel in unserem geistlichen Leben vorhanden ist.

Als Leitsätze wollen wir zwei einfache Wahrheiten in bezug auf den Heiligen Geist nehmen. Die eine: daß die heutige Kirche von einem schwachen Wirken des Heiligen Geistes gekennzeichnet ist. Die andere: daß Gottes Wort ein mächtiges Wirken des Geistes Gottes an den Herzen seiner Kinder verheißen hat. Wenn wir die erste dieser Wahrheiten annehmen, können wir nur reuevoll bekennen, wie wenig wir den Heiligen Geist geehrt und das in unserem Leben verwirklicht haben, was er in uns bewirken möchte. Im Bekennen öffnet sich dann unser Herz einem neuen und größeren Glauben an das mächtige Wirken des Geistes, das Gott verheißen hat. Unsere tägliche persönliche Andacht wird den menschlichen Maßstab weit übertreffen, mit dem wir uns zufriedengegeben haben, und ein sich ständig erweiternder Zugang zu einem Leben im Geist, das Gott selbst für uns vorgesehen hat, wird uns gewiß offenbart werden.

Während wir unser Studium fortsetzen, wollen wir unsere Aufmerksamkeit auf drei einfache Fragen richten: 1. Setzt die Heilige Schrift einen Maßstab fest für die Menschen, die sich dem Geist völlig ausliefern und sich auf die Allmacht Gottes verlassen, damit er an ihnen wirke, was er von ihnen fordert? 2. Stimmt es, daß die Kirche im allgemeinen nicht gemäß dem Maßstab lebt, den Gott wirklich erreichbar gemacht hat. 3. Sind wir bereit, uns von ganzem Herzen Gott auszuliefern und das anzunehmen, was er für uns bereithält?

Kapitel 3

Hingabe — der große Mangel der Kirche

„Weil ihr denn Kinder seid, hat Gott gesandt den Geist seines Sohnes in unsere Herzen, der schreit: Abba, lieber Vater!“ (Galater 4,6).

Als Gott durch die Gabe seines Sohnes seine Liebe offenbart hat, war sein großes Werk vollendet. Nachdem Christus „Es ist vollbracht!“ gerufen hatte, am Kreuz gestorben und danach auferstanden war und sich auf den Thron Gottes gesetzt hatte, war auch sein Werk vollendet. Danach begann die Ausgießung des Geistes, dessen Amt es war, alles zu offenbaren und mitzuteilen, was durch das Werk Gottes und Christi zur Verfügung stand. Dieses Werk des Heiligen Geistes ist noch nicht vollendet; darum sitzt Christus so lange auf dem Thron, bis alle seine Feinde zum Schemel seiner Füße gemacht werden.

Es gibt einen großen Unterschied zwischen dem Werk des Vaters und des Sohnes einerseits und dem Werk des Heiligen Geistes andererseits. Der Vater und der Sohn vollbrachten ihr Werk für die Menschen und um der Menschen willen, nämlich die Erlösung, die für uns Menschen die Annahme bei Gott bewirkt. Das Werk des Heiligen Geistes dagegen besteht darin, den Menschen jene Gnade mitzuteilen, die sie erst befähigt, das vom Vater und vom Sohn Vollbrachte anzunehmen und auszuleben. Das Wirken des Geistes zeichnet sich dadurch aus, daß sein Werk und das Werk des Menschen unlösbar miteinander verbunden sind: Alles, was der Heilige Geist tut, bewirkt er durch Menschen, und alles, was im Reiche Gottes getan werden soll, wird von Menschen vollbracht. In der Welt der Menschen

kann sich der Heilige Geist nur im und als Geist des Menschen offenbaren. Das Werk des Heiligen Geistes unterstreicht die dynamische Rolle des Menschen bei der Ausführung des göttlichen Ratschlusses.
Nachdem Paulus davon gesprochen hat, daß Gott in Christus war und die Welt mit sich selber versöhnte, fügt er hinzu: „Und hat unter uns aufgerichtet das Wort von der Versöhnung" (2. Korinther 5, 19). Die Aufgabe der Ausführung und der Verkündigung der Versöhnung wurde der Kirche anvertraut. Von der Treue der Kirche oder ihrem Versagen sollten die Verbreitung der Versöhnung sowie die Kraft, mit der sie in der Welt wirksam werden würde, abhängen.
Diese Gedanken stellen uns das herrliche Werk des Heiligen Geistes, das entsetzliche Versagen der Kirche und den einzigen Weg zur Wiederherstellung vor Augen.
Gott hatte einen großartigen Beweggrund, den Geist Christi auszusenden, damit er menschliche Herzen in Besitz nehmen möge: nämlich die Gemeinschaft des Menschen mit Gott, für die der Mensch ja ursprünglich erschaffen worden war, wiederherzustellen. Das ganze Werk Gottes und Christi in der Erlösung gipfelte in dieser einen Sache – daß der Heilige Geist das erwirkte Heil mitteilen und dafür sorgen sollte, daß es in den Herzen der Kinder Gottes ununterbrochen wirksam bleibt.
Er sollte der Geist des Lebens sein, der die Gläubigen auf dem Pfad der Heiligung führt, bis sie vollkommen dem Ebenbild Christi gleich sind. Er sollte der Geist der Kraft sein, und sie zum Dienst als Christi Zeugen ausrüsten, damit ihr Wort bis an das Ende der Welt gelange. Der Heilige Geist sollte das vollkommene Band der Einheit zwischen dem Vater im Himmel und dem Gläubigen auf Erden sein. Ebenfalls sollte er das Band der Einheit zwischen

Christus und einer Welt sein, die dem Verderben entgegengeht. Jeder Gläubige sollte in der Kraft des Heiligen Geistes fähig sein, sein Zeugnis von der ihm widerfahrenen Liebe weiterzugeben. Gottes großer Plan bestand darin, daß Menschen nicht nur *in* seinem Sohn *Christus* gerettet werden sollten, sondern auch *durch* die *Menschen,* in denen er lebt. Die Gabe des Heiligen Geistes macht dies im Leben eines jeden, der sich vorbehaltlos dem innewohnenden Geist ausliefert, möglich und gewiß.

Wie tragisch ist also das Versagen der Kirche angesichts ihrer hohen Berufung! Wie wenig sind es, die wie Paulus unter Beweis stellen konnten, daß die absolute Abhängigkeit vom Heiligen Geist die beständige Gegenwart und das ununterbrochene Wirken Gottes im Alltag sichert. Ist nicht die heutige Kirche davon geprägt, daß der Geist Gottes nur sehr schwach in ihr wirken kann? Es wird so viel um die Kraft des Heiligen Geistes gebetet, und sie wird so wenig erlebt. Ist der Grund dafür nicht darin zu finden, daß so wenige Christen bereit sind, sich vorbehaltlos seiner Herrschaft auszuliefern? Die meisten Christen kennen das Geheimnis nicht, das denen zugänglich wird, die die Fülle seiner Kraft erlebt haben – daß nämlich eine unaufhörliche Abhängigkeit vom Werk des Heiligen Geistes zum Tod des selbstsüchtigen Ich führt, und der Gläubige anfängt, darauf zu zählen, daß Gott sein vollkommenes Werk tun wird. Erst wenn die Kirche, erst wenn die Gläubigen dieses zu begreifen beginnen, dürfen wir auf eine wahre Geisteserweckung in göttlicher Kraft hoffen.

Dank sei aber dem Herrn für die Gewißheit, daß der Heilige Geist schon ausgegossen worden ist, daß er Sehnsucht nach uns hat und daß er fähig und bereit ist, in seiner Gemeinde Wohnung zu nehmen. Wir sollten aber willig sein, den wahren Zustand der Kirche und unsere persön-

liche Verantwortung darin ehrlich zu bekennen. Alle, die an Gott, an seine Liebe und an seine Allmacht glauben, sollten bezeugen, daß nur eines not tut und daß vor allem nur eines gewiß ist, nämlich, *daß Gott sich danach sehnt, in der Kraft seines Geistes von seinem erlösten Volk Besitz zu ergreifen.* Wir wollen unsere Stimmen zum Himmel erheben und in unaufhörlicher Fürbitte darum flehen, daß Gott sich all den Menschen offenbaren möchte, die ein Verlangen danach haben, Tempel des Heiligen Geistes zu sein. Möge es unser einziger Wunsch sein, mit seiner Kraft erfüllt zu werden, ihm völlig ausgeliefert, damit wir für die göttliche Innewohnung, für die Anbetung und für den Dienst des lebendigen Gottes zubereitet werden.
Und was hat das Gesagte mit der Hingabe im täglichen Leben zu tun? Nichts weniger als dieses: Das Ziel der persönlichen Andacht sollte stets sein, die allgemein verbreitete Norm der Frömmigkeit abzuwerfen und Gottes Maßstab zum Gegenstand unseres unaufhörlichen Verlangens zu machen. Der Geist Gottes ist ausgegossen, damit er in uns Christus und sein Leben offenbare. Wir können keine wahren geistlichen Fortschritte erzielen, bis wir nicht von ganzem Herzen entschlossen sind, in allen Dingen in der unmittelbaren und unaufhörlichen Abhängigkeit von der Kraft des Heiligen Geistes zu leben.
Ich habe einige der großen Hindernisse auf diesem Weg bereits erwähnt. Es kann sein, daß wir seinen Anspruch auf die absolute unbedingte Herrschaft über unser Leben noch nicht verstanden haben. Es ist möglich, daß uns der Glaube an seine wohlwollende und zärtliche Liebe fehlt, die uns begegnen und sein mächtiges Werk in unserem Herzen tun möchte. Möglicherweise wissen wir nicht um die Macht der Welt als dem großen Feind des Heiligen Geistes. Vielleicht sind wir nicht bereit, das Kreuz Christi auf uns zu nehmen

und mit ihm seinen Tod zu sterben, wie es uns nur der Heilige Geist offenbaren kann. Oder wenn wir diese Hindernisse zusammenfassen wollen: *Es fehlt uns vielleicht jene tiefste Überzeugung davon, daß es ein heiliges, göttliches und allmächtiges Werk ist, wenn Gott der Heilige Geist von unserem Leben Besitz ergreift und sein einziges Verlangen verwirklicht, indem er Christus in uns wohnen läßt.*

Gott möge uns helfen, daran zu denken, daß dieses große Werk nur durch unsere tägliche Hingabe an ihn durch- und ausgeführt werden kann. Gott möge uns helfen, im Glauben stark zu sein und ihm die Ehre zu geben, so daß wir uns auf seine Fähigkeit verlassen, den Toten das Leben zu geben und sein Werk in uns zu vollenden. Wir können den Gedanken nicht überbetonen: Gott verlieh die Gabe des Heiligen Geistes zu dem einen großen Zweck, sein Volk dazu auszurüsten, daß es *sein* und *tun* konnte, was es im alten Testament nicht sein und tun konnte. Gott erwartet nicht von uns, daß wir – wie ernsthaft unsere Anstrengungen und Gebete auch immer sein mögen – unser eigenes geistliches Leben stärken und aufrechterhalten. Für diese Arbeit wurde uns der Heilige Geist verheißen. Nur in der Seele, die in der völligen Hingabe an den Geist und in der Abhängigkeit von ihm lebt, kann Gott sein mächtiges Werk wirksam weiterführen und all seine heiligen Ratschlüsse verwirklichen.

Kapitel 4

Die Hingabe und das geistliche Leben

„Gelobt sei Gott, der Vater unseres Herrn Jesus Christus, der uns gesegnet hat mit allerlei geistlichem Segen in himmlischen Gütern durch Christus“ (Epheser 1, 3).

Wir haben uns vorgenommen, den Epheserbrief im Blick auf den uns vom Apostel dargelegten, neutestamentlichen Maßstab der Hingabe zu studieren. Diese einleitenden Worte des Briefes fassen nicht nur die Wahrheit des Evangeliums zusammen, sondern aus den Tiefen von Paulus' Erfahrung heraus enthüllen sie uns das geistliche Leben. Der Segen, der hier ausgesprochen wird, steht in Einklang mit dem apostolischen Segen. Zunächst geht es um *die Gnade unsers Herrn Jesu Christi.* „Der Gott und Vater unseres Herrn Jesus Christus hat uns gesegnet mit allerlei geistlichem Segen *durch Christus.*“ Der Ausdruck *„durch Christus“* oder *„in Christus“* ist der Schlüssel zu diesem Brief und kommt mehr als zwanzigmal in ihm vor. Unser Wort hier steht am Anfang einer langen Aussage, die in Vers 3 beginnt und erst in Vers 14 aufhört. Wir finden hier folgende Ausdrücke: „in ihm erwählt“, „in seiner Liebe ... verordnet“, „angenehm gemacht in ihm“, „in ihm Erlösung durch sein Blut“, „nach seinem Ratschluß, den er sich vorgesetzt hatte in Christus“, „daß alle Dinge zusammengefaßt würden in Christus“, „in ihm sind wir auch zum Erbteil gekommen“, „in ihm seid auch ihr, da ihr gläubig wurdet, versiegelt worden mit dem Heiligen Geist“. Alle unsere Segnungen sind *in Christus* aufbewahrt, und wir selbst sind ebenfalls *in ihm.* Ist es wahr, daß die Segnungen in Christus sind, so ist es auch wahr, daß unser Leben in ihm ist. Leben und Segen sind untrennbar miteinander verflochten. Wer in Christus bleibt, der bleibt in den himmlischen Gütern und in allerlei geistlichem Segen, mit dem Gott uns in ihm gesegnet hat. Der Glaube an Christus soll eigentlich nichts weniger sein als ununterbrochene Abhängigkeit von ihm, Gemeinschaft mit ihm, und von ihm. Jede Gnadengabe zu empfangen, die die Seele überhaupt benötigt. So, wie mein Körper einen absoluten, dauerhaften Kontakt mit der Luft braucht, *genauso kann meine Seele in der Gemeinschaft mit dem Herrn Jesus bleiben.* Das ist es, was die Heilige Schrift meint, wenn sie uns mitteilt: „Christus ist unser Leben"; „Christus lebt in mir"; „für mich ist Christus das Leben". Welche Reichtümer der Gnade!

Als nächstes geht es um *die Liebe Gottes.* Es ist der Vater, der uns im Sohn gesegnet hat. Christus war die Gabe des Vaters für uns, und ebenso intensiv und wirklich gibt er uns allerlei geistlichen Segen zum Besitz. Gott verfolgt das Ziel, uns als seine Geschöpfe zu sich zurückzuführen, denn nur in der Gemeinschaft mit ihm und in seiner Herrlichkeit können wir unser Glück finden. Dieses sein Ziel erreichen und die Liebe seines eigenen Herzens befriedigen konnte Gott nur dadurch, daß er uns in eine volle Vereinigung mit Christus führte. In Christo können wir so nahe bei Gott sein, wie Christus selbst. Ach, wie geheimnisvoll ist diese Liebe Gottes!

Über all die Segnungen, die wir in Christus haben, sagt unser Bibeltext: „Gott hat uns mit allerlei geistlichem Segen gesegnet." Verschiedene Gläubige, die sich nach einer neuen Offenbarung der Gnade Gottes sehnten und darum beteten, haben in diesen Worten den Schlüssel gefunden, mit dem sie die Schatzkammer göttlichen Segens aufschließen können. Als das Licht des Geistes auf diese Worte fiel, wurden sie lebendig. In Christus *hat Gott mich* mit allerlei geistlichem Segen *gesegnet.* Ich brauche nur die Ruhe des Glaubens, um diesen Segen annehmen zu können. Ich muß mich ihm nur völlig ausliefern, dann kann ich diesen Segen für mich selbst in Anspruch nehmen. Dann befindet sich mein Herz im Brennpunkt des Segens.

Eine solche Schau dessen, was hier gemeint ist, und ein solcher Glaube, der mich diesen Segen persönlich beanspruchen läßt, wird unweigerlich zu dem anbetungsvollen Ruf führen: „Gelobt sei Gott, der Vater unsers Herrn Jesus Christus." Dieser Glaube ist der Brunnen, dem der Strom des Segens entspringt, und kann auch in unserem Leben zu einem unaufhörlichen Loblied werden: „Ich will den Herrn loben allezeit; sein Lob soll immerdar in meinem Munde sein" (Psalm 34, 2).

Es geht drittens um die *Gemeinschaft des Geistes.* Der geistliche Segen ist nichts weniger als der Segen des Heiligen Geistes. Als die dritte Person der Dreieinigkeit, die sowohl vom Vater als vom Sohn ausgeht, hat der Heilige Geist die göttliche Aufgabe, uns die Fülle des Segens und der Seligkeit eines Lebens mit Gott mitzuteilen und zu verleihen. Er offenbart uns diese Dinge. Er befähigt uns, sie zu erkennen, uns an ihnen zu erfreuen und sie anzunehmen. Er teilt sie uns in unserem innersten Sein so wahrhaftig mit, daß wir geistliche Menschen werden, die mit der Kraft des Geistes überkleidet und erfüllt sind.

Wenn unser Herz ihm völlig ausgeliefert ist, übt er nicht nur einen gewissen Einfluß auf uns aus; vielmehr wohnt er dann in uns mit einer göttlichen Kraft und Realität, die unser Herz zu einem Wohnort Christi und Gottes macht. Wie Samenkörner werden jede Gnade und Tugend, die es in Christus gibt, in uns hineingelegt, um unser Eigentum zu werden. Was er uns offenbart, das bewirkt er auch. Gerade so, wie der ausgesäte Samen die Wärme der Sonne und den

Regen vom Himmel braucht, damit er wachsen kann, schauen auch wir, wenn wir glauben, daß dieser Same in uns ist, zu Christus, in dem unser Leben verborgen ist; und im Sonnenschein seiner Liebe wächst der geistliche Segen und wird in unser Wesen hineingearbeitet. In jeder Segnung haben wir die Ganzheit der heiligen Dreieinigkeit – den Vater, den Sohn und den Heiligen Geist.

In diesem Brief begegnet uns der Heilige Geist in zwölf verschiedenen Aspekten des herrlichen Werkes, das er im Gläubigen vollbringt. Während wir diese studieren, wird der demütig Suchende eine wunderbare Offenbarung darüber empfangen, wie Gott das Leben seiner Kinder eigentlich gestalten wollte, und wie er auf wunderbare Weise dafür gesorgt hat, daß wir zu diesem Leben gelangen. Wenn wir wirklich den Wunsch haben, sowohl den neutestamentlichen Maßstab wahren geistlichen Lebens, als auch den Grad der Hingabe zu entdecken, den Gott in unserem Leben möglich gemacht hat, dann werden wir im Heiligen Geist den nötigen Mut finden, jeden menschlichen Maßstab abzulegen und Gottes Plan zu unserem einzigen Ziel zu machen.

Laßt uns mit diesem einleitenden Segensspruch beginnen, der uns das wahre Leben im geistlichen Segen offenbart. Wir müssen uns dieses Wort zu eigen machen. Wir wollen im stillen Nachdenken auf den Heiligen Geist warten, daß er in unserem innersten Bewußtsein den Glauben bewirke, oder dem gemäß ist, den der Vater in Christus mit jedem geistlichen Segen gesegnet hat. Demütig nehme ich vor ihm meinen Platz ein und sage: „Gelobt sei Gott! Gelobt sei Gott!“

Viele Christen beklagen sich über Mangel an geistlichem Leben und viele beten darum, daß ihr geistliches Leben vertieft werden möge. Und doch herrscht große Unwissen-

heit über das, was wirklich nötig ist, um einen schwachen Christen zu einem starken und freudigen Leben in Christus Jesus zu führen. Aus unserem Bibelwort wollen wir lernen, daß nichts unsere Not besser beheben kann, als die Anbetung der in Ewigkeit hochgelobten Dreieinigkeit. Unsere Erwartung ruht allein auf Gott, der uns in Christus Jesus gesegnet hat. Gott und sein Segen sind in Christus zu finden, wenn wir in engster, ununterbrochener Gemeinschaft mit ihm bleiben. Allein durch den Heiligen Geist können wir die Gegenwart des Vaters und des Sohnes in ihrer göttlichen Kraft kennenlernen.
Der Heilige Geist ist ausgegossen worden, um uns Christus nahezubringen und uns mit jedem geistlichen Segen zu beschenken. Ein Leben, das dem Heiligen Geist völlig ausgeliefert ist, ein Herz, das mit dem Glauben und Vertrauen erfüllt ist, daß Gott, Christus und der Heilige Geist ihre herrliche Arbeit in uns vollbringen werden, und ein Körper, der Gott als heiliges, lebendiges Opfer auf dem Altar seines Dienstes dargebracht worden ist, wird Gott gewiß annehmen. Gott selbst wird uns lehren, das Loblied zu singen: „Gelobt sei Gott, der Vater unseres Herrn Jesus Christus, der uns gesegnet hat mit allerlei geistlichem Segen in himmlischen Gütern durch Christus!“

Kapitel 5

Die Versiegelung mit dem Heiligen Geist

„In ihm seid auch ihr, da ihr gläubig wurdet, versiegelt worden mit dem heiligen Geist, der verheißen ist“ (Epheser 1, 13b).

Diese herrliche Aussage, die mit dem geistlichen Segen begann, mit dem Gott uns in Christus gesegnet hat, und die uns im Verlauf von zehn Versen zeigt, was wir in ihm haben, schließt mit dem, worin alles enthalten ist – der Versiegelung mit dem Heiligen Geist. Wenn ein König einen Botschafter oder Gouverneur einsetzt, wird dessen Beglaubigungsschreiben mit dem Siegel des Königs, auf dem der König selbst abgebildet ist, versiegelt. Der Heilige Geist ist das Siegel unserer Erlösung, und das nicht in dem Sinne, daß er uns die Gewißheit unserer Sohnschaft als etwas von ihm Getrenntes gäbe, sondern *er selbst* ist durch sein Leben in uns das Siegel unserer Sohnschaft. Seine Aufgabe ist es, Christus, das Ebenbild des Vaters, in uns zu offenbaren und zu verherrlichen, und uns in sein Ebenbild zu verwandeln, indem er unser Herz und unseren Glauben von ihm abhängig macht. Welch ein wunderbarer Gedanke! Der Geist des Vaters und des Sohnes, das Band unserer Einheit mit ihnen, gibt uns Zeugnis davon, daß wir Leben aus Gott in uns haben, und befähigt uns, dieses Leben im Alltag auszuleben. Im Leben eines Christen hängt alles davon ab, ob er die Gegenwart des Heiligen Geistes kennt und dessen herrliches Werk versteht.

Zunächst müssen wir wissen, daß er kommt, um die Herrschaft über unser ganzes Wesen – über Geist, Seele und Leib – anzutreten, und um dadurch das Leben und die Kraft Gottes zu offenbaren, die in unserer erneuerten Per-

sönlichkeit wirksam werden. Gerade so, wie Christus erst verherrlicht werden und den Geist vom Vater für uns empfangen konnte, nachdem er am Kreuz gestorben war und sich damit von jenem Leben getrennt hatte, in welchem er unsere Sünden und Schwächen getragen hatte – so bringt auch der Einzug des Heiligen Geistes in unser Herz mit sich, daß wir uns der Gemeinschaft des Kreuzes ausliefern und daß wir einwilligen, jenem Leben ganz und gar abzusterben, in dem das Ich und die Sünde die Herrschaft ausübten. Durch den Tod unseres selbstsüchtigen Ich kann der Heilige Geist, das himmlische Leben, völlig von uns Besitz ergreifen.
Diese völlige Herrschaft des Geistes setzt unsererseits völlige Hingabe und unbedingten Gehorsam voraus. Petrus spricht vom „Heiligen Geist, welchen Gott gegeben hat denen, die ihm gehorchen". Jesus Christus kam, um ausschließlich den Willen Gottes zu tun, und demütigte sich im vollkommenen Gehorsam bis hin zum Tod am Kreuz, damit er vom Vater den Geist empfinge und wir durch ihn. Gerade so beruht auch unser Erleben der Kraft des Geistes auf unserer Bereitschaft, uns in allen Dingen selbst zu verleugnen und uns in allen Dingen seiner Lehre und seiner Leitung zu fügen.
Daß Gläubige oft schwach sind und vom Segen des Geistes nichts kennen, hat folgenden Grund: Bei ihrer Bekehrung und auch später in ihrem christlichen Wandel haben sie nie den festen Entschluß gefaßt, daß sie sich selbst in jedem Augenblick, an jedem Ort und in allen Dingen durch die Gnade Gottes der Herrschaft des Geistes ausliefern würden. Ach, wenn Gottes Kinder nur Gottes Bedingungen annehmen wollten: *die ungeteilte Herrschaft des Geistes und die widerstandslose Auslieferung unseres ganzen Seins an seine Herrschaft.*

In diesem Zusammenhang müssen wir verstehen, daß wir das Wirken des Geistes durchaus in unterschiedlichem Maße erleben können. Ein Gläubiger kann sich an einer der Früchte des Geistes (Friede oder Freude, Eifer oder Freimut) erfreuen, es können ihm aber gleichzeitig die anderen Tugenden fehlen, die uns durch die Gegenwart des Geistes zuteil werden. Unsere Einstellung dem Heiligen Geist gegenüber muß sich durch völlige Belehrbarkeit auszeichnen, während wir darauf warten, daß er uns in den ganzen Willen Gottes führt. Wir müssen uns bewußt machen, wie viel in unserem Herzen noch erneuert und geheiligt werden muß, wenn er den Platz einnehmen und die Ehre bekommen soll, die ihm gebühren.

Es gibt zwei große Feinde, unter deren Herrschaft der Mensch durch den Sündenfall geriet: die Welt und das Ich. Von der Welt sagt Christus: „Den Geist der Wahrheit, welchen die Welt nicht kann empfangen; denn sie sieht ihn nicht und kennt ihn nicht.“ *Eine weltliche Gesinnung ist das große Hindernis, das einen Gläubigen davon abhält, einen geistlichen Lebenswandel zu führen.* Vom Ich sagt Christus: „Der Mensch verleugne sich selbst“ und: „Er hasse sein eigenes Leben.“ *Die Selbstsucht in all ihren Spielarten – Eigenwille, Selbstgefälligkeit, Selbstvertrauen – macht es uns unmöglich, ein Leben in der Kraft des Geistes zu führen.* Aus der Macht dieser beiden Feinde, der Welt und das Ich, kann uns einzig und allein das Kreuz Christi befreien. Paulus rühmt sich dieses Kreuzes, durch das er der Welt gekreuzigt ist. Er sagt uns: „Welche aber Christo angehören, die kreuzigen ihr Fleisch“, in welchem nämlich das Ich thront. Das Leben im Geist muß damit beginnen, daß wir das alte Leben völlig dem Tode übergeben und somit für den Heiligen Geist Platz machen, damit er unser ganzes Wesen gemäß dem Willen Gottes erneuere und umwandle.

Getrennt vom Heiligen Geist ist nichts, was wir tun, vor Gott angenehm. „Niemand kann Jesus einen Herrn heißen außer durch den Heiligen Geist." Niemand kann von ganzem Herzen „Abba, lieber Vater!" sagen außer durch den Geist des Gottessohnes, der ihm zuvor ins Herz gegeben wurde. In unserer Gemeinschaft mit Gott und in unserer Gemeinschaft mit unseren Mitmenschen, bei der Anbetung und bei der täglichen Arbeit, bei der hochstehendsten Betätigung, die uns dieses Leben bieten kann, und bei der täglichen Fürsorge für unseren Körper gilt: *Alles muß das Siegel des Heiligen Geistes tragen.*
Vom Sohn heißt es: „Den hat Gott der Vater versiegelt." Nur „in Christus" werden wir versiegelt. Durch sein ganzes Leben hindurch – ein Leben, das zum Kreuz führte, wo er „sich selbst durch den ewigen Geist Gott geopfert hat" – wurde Jesus Christus vom Heiligen Geist geleitet; ebenso sollen auch wir im Alltag als solche Menschen leben, die mit dem Heiligen Geist versiegelt worden sind. Was für Christus galt, gilt für jeden Gläubigen – was für *den* Sohn galt, gilt für jeden Sohn, der vom Vater versiegelt worden ist. Der neutestamentliche Maßstab für ein geistliches Leben und seine Hingabe ist der, daß unser ganzes Leben vom Heiligen Geist geprägt werden soll.
Laßt uns die wertvolle Lektion lernen, daß der Heilige Geist unser Gebetsleben nicht inspirieren kann, wenn er nicht unser tägliches Leben inspiriert. Der Geist Christi beansprucht und braucht die Herrschaft über den ganzen Menschen, wenn er sein heiliges Werk in uns vollbringen soll. Die Innewohnung des Heiligen Geistes bedeutet, daß wir in unserem ganzen Leben an nichts anderes denken, auf nichts anderes vertrauen und nichts anderes suchen, als die unmittelbare und fortdauernde Abhängigkeit von seinem heiligen Wirken. Die Hingabe, die wir durch unser Leben

vor dem Auge der Öffentlichkeit zum Ausdruck bringen, wird zum Prüfstein der Aufrichtigkeit unseres Gebetslebens und gleichzeitig zum Mittel, unser Vertrauen zu dem Gott zu stärken, der durch seinen Heiligen Geist in uns wirkt. Jeder Gedanke an das Vertrauen in die Kraft des Geistes muß im Gebet vor Gott seinen Ausdruck finden. Er wird uns dann ganz gewiß seinen Geist geben, wenn wir ihn darum bitten, und durch diesen Geist das in uns bewirken, was wir brauchen.

Wenn eine Urkunde mit einem Siegel versehen ist, ist jeder Satz und jedes Wort für gültig erklärt worden. Ebenso bestätigt der verheißene Heilige Geist, mit dem wir versiegelt worden sind, die Gültigkeit einer jeden Verheißung, die uns in Christus gegeben ist. So sehen wir einen der großen Unterschiede zwischen der Bibel und dem menschlichen Maßstab eines christlichen Lebenswandels. Nach dem biblischen Muster wird das Siegel des Geistes deswegen angenommen, damit er die Herrschaft über jeden Augenblick unseres Lebens antreten könne. Nach dem menschlichen Muster sind wir aber mit einer sehr dürftigen Hingabe an seine Führung zufrieden.

Kapitel 6

Der Geist der Weisheit

„Höre ich nicht auf, zu danken für euch, und gedenke euer in meinem Gebet, daß der Gott unseres Herrn Jesus Christus, der Vater der Herrlichkeit, euch gebe den Geist der Weisheit und der Offenbarung, ihn zu erkennen. Er erleuchte die Augen eures Herzens, daß ihr erkennen möget ...“

(Epheser 1, 16–18).

Kaum hatte Paulus den Heiligen Geist als das Siegel Gottes im Leben der Gläubigen erwähnt, da sprach er schon von seinem unaufhörlichen Gebet, daß Gott ihnen den Geist der Weisheit geben möchte. Es ist nicht genug, daß der Gläubige den Heiligen Geist hat; dieser Geist kann nur dann sein heiliges Werk tun, wenn Gott durch ihn wirkt, in Erwiderung auf das Gebet. Paulus betet unaufhörlich, und damit lehrt er die Gläubigen, unaufhörlich um die Weisheit des Heiligen Geistes zu flehen, damit die Augen ihres Herzens erleuchtet werden. Ein Kind braucht Erziehung, und genauso braucht der Gläubige, in dem der Heilige Geist wohnt, Tag für Tag göttliche Erleuchtung, damit er Gott und das geistliche Leben, das er schenkt, kennenlernen kann. Dieses Leben ist so übernatürlich und solch ein göttliches Geheimnis, daß wir es ohne geistliche Weisheit und geistliches Verständnis nicht erfassen können.[1]

Wir müssen dreierlei erkennen. Erstens, „welche da sei die Hoffnung eurer Berufung“, der hohen, heiligen und himmlischen Berufung, deren wir würdig wandeln sollen. Dann „welcher sei der Reichtum seines herrlichen Erbes bei seinen Heiligen“, d. h. welche unerforschlichen Reichtümer in dem himmlischen Schatz vorhanden sind, den Gott in seinen Heiligen hat. Und zuletzt kommt „die Kraft", durch die wir unsere Berufung erfüllen und unser Erbteil in Besitz nehmen können: „welche da sei die überschwengliche Größe seiner Kraft an uns, die wir glauben."

Das Leben des Christen soll das Leben Gottes in der menschlichen Seele sein; wir können überhaupt nichts tun, um dieses Leben zu bewahren oder um es zu erneuern. Wir haben dieses Leben in Christus, und wir müssen es täglich und stündlich durch den Glauben von Christus empfangen; einzig und allein die Allmacht des großen Gottes selbst kann dieses Leben beginnen und fortführen. Die Gläubigen haben es dringend nötig, auf Gott zu harren, damit der Heilige Geist ihnen zeige, „welche da sei die überschwengliche Größe seiner Kraft an uns, die wir glauben". Kein menschlicher Verstand kann das begreifen; nur der Heilige Geist, der in unserem Herzen wohnt, offenbart es und lehrt uns, daran zu glauben und mit dieser Kraft zu rechnen. Als Christen müssen wir es Gott tagtäglich zutrauen, gemäß seiner Kraft in uns zu wirken, und wir müssen jeden Tag als Antwort auf unsere Gebete die Lehre des Heiligen Geistes annehmen.[2]

Allein der Heilige Geist kann uns zeigen, was diese mächtige Kraft, die in uns wohnt, bewirkt und wie ihr Wesen ist. Es ist die „mächtige Stärke Gottes, welche er gewirkt hat in Christus, da er ihn von den Toten auferweckt hat und gesetzt zu seiner Rechten im Himmel". Gerade diese Kraft ist in uns, die wir glauben, wirksam, und führt uns von einem Leben unter der Macht des Todes in ein Leben der Himmelsherrlichkeit. Durch die überschwengliche Größe seiner Kraft sollen wir täglich leben, in der Gemeinschaft mit dem Leben des Gottessohnes.

Gott weckt Christus von den Toten auf, weil sein Tod am Kreuz im vollkommenen Gehorsam geschehen war. Weil

Jesus sowohl in seinem Leben und Leiden als auch bei seiner Auslieferung an den Tod und an das Grab sich vorbehaltlos der Kraft Gottes hingab, weckte Gott ihn von den Toten auf und schenkte ihm Herrlichkeit. Wenn wir uns in christusähnlicher Demut und im Gehorsam hingeben, um mit Christus der Sünde, der Welt und dem Fleisch zu sterben, dann wird die überschwengliche Größe seiner Kraft in uns wirken, um uns Tag für Tag zu Teilhabern an der Auferstehungsmacht und am Geist der ihr folgenden Herrlichkeit zu machen.

Dieser Gedanke, daß das Leben des gläubigen „die überschwengliche Größe seiner Kraft an uns, die wir glauben", nach außen hin zeigt, zieht sich durch alle Schriften des Apostels Paulus. In seinem Gebet für die Kolosser (1, 10) bittet er darum, daß sie „würdig wandeln dem Herrn zu allem Gefallen und fruchtbar seien in allen guten Werken und wachsen in der Erkenntnis Gottes". Dann fügt er hinzu: „Und gestärkt werden mit aller Kraft nach seiner herrlichen Macht zu aller Geduld und Langmütigkeit mit Freuden."

Denkt man einmal über das Leben der Hingabe, das Paulus vertritt, nach – ein Leben, das Gottes immer würdig und ihm wohlgefällig ist, das in allen guten Werken fruchtbar ist, stets in der Erkenntnis Gottes zunimmt und mit aller Geduld und Langmütigkeit ausharrt –, so scheint es vom natürlichen Standpunkt aus gesehen, als sei dieser Maßstab unerreichbar. Aber dann folgt der Gedanke: „Werdet gestärkt mit aller Kraft nach seiner herrlichen Macht." Somit können wir dem natürlichen Menschen eine Antwort geben und sagen: „Nein! Wenn dies stimmt, wenn Gott dies alles bewirkt, dann ist ein solches Leben möglich."

Im Epheserbrief (3, 20) kommt der gleiche Gedanke vor: „Dem aber, der überschwenglich tun kann über alles, das wir bitten oder verstehen, nach der Kraft, die da in uns wirkt, dem sei Ehre in der Gemeinde, die in Christus Jesus ist, zu aller Zeit von Ewigkeit zu Ewigkeit!" Diese Worte geben uns neuen Mut und lassen uns etwas glauben und erwarten, das alles weit übertrifft, was wir bitten oder verstehen. Wir sind zu einem übernatürlichen Leben berufen, zu einem Auferstehungsleben. *Das himmlische Leben des verherrlichten Christus wird in uns bewahrt durch die gleiche Macht und Stärke,* durch die Gott selbst Christus vom Kreuz zum Thron erhöhte. Die gleiche allmächtige Kraft, durch die Christus als Sieger über Sünde und Tod von den Toten auferweckt wurde, wirkt in unserem Herzen, um in uns den Sieg über jegliche Sünde zu bewirken. Wenn wir dies von ganzem Herzen glauben, wird es uns sofort unsere äußerste Schwäche bewußt machen, aber auch die göttliche Gewißheit, daß Gott seinen Plan in uns ausführen wird.

Wenn der Gläubige nur bereit ist, sich der überschwenglichen Größe seiner Kraft anzuvertrauen; wenn er nur bereit ist, sich in völliger Hingabe an den Herrn auszuliefern und jene Kraft in seinem Herzen regieren zu lassen, damit sie dort seinen ganzen Willen tun kann; wenn er nur bereit ist, sich der Kraft anzuvertrauen, die in den Schwachen mächtig ist; wenn er nur bereit ist, alles für Schaden zu erachten gegen das köstliche Kleinod – dann verheißt ihm Gottes Wort ein tägliches Wirken der Kraft, die Christus auferweckte, so lange, bis er erkennt, was es heißt, im Hier und Jetzt mit Christus in seiner Herrlichkeit zu leben und zu regieren.

Wir haben den Versuch unternommen, zu entdecken, welchen Maßstab das Neue Testament für ein Leben der völligen Hingabe setzt, und ob die übliche Norm modernen Christentums sich damit vereinbaren läßt. Wir sollten jetzt in unserem Herzen die volle Bedeutung des von Paulus aus-

gesprochenen Gebets zusammenfassen. Wir denken jetzt an sein persönliches Gebet für seine Epheser. Wir denken an den Maßstab, den er an sein eigenes Leben anlegte, und wie er so oft von Gottes Wirken in ihm spricht (Kolosser 1, 29; 1. Korinther 5, 10; 2. Korinther 3, 5; 4, 7; 12, 9.10; Philipper 4, 13). Wir denken an das, was er seinen Lesern als Ziel und Erwartung für dieses Leben wünschte.
Paulus konzentrierte sich von ganzem Herzen auf zwei große Gedanken: Daß jeder Gläubige jeden Tag unter der Lehre des Heiligen Geistes leben sollte und unter der überschwenglichen Kraft Gottes, die in ihm wirkt. Halte jetzt einmal inne und frage dich, ob dein persönliches Gebetsleben, dein vertrauensvoller Glaube und deine Hoffnung im täglichen Leben in Freude um das Leben kreisen, das uns hier vor Augen geführt wird, um täglich die überschwengliche Größe der in dir wirkenden Kraft Gottes auszuleben und dich täglich dem Heiligen Geist in Abhängigkeit von seiner Kraft auszuliefern?[3]
Möge Gott uns helfen, uns immer und immer wieder diesem Bibelabschnitt zuzuwenden, bis er uns zum Lichte Gottes wird, das in unser Herz leuchtet und zur Kraft Gottes, die in unserem Leben wirksam ist.

Kapitel 7

Der Geist des Zugangs zum Vater

„Durch ihn haben wir den Zugang alle beide in einem Geist zum Vater“ *(Epheser 2, 18; vgl. 3, 12).*

Ist Ihnen schon einmal aufgefallen, wie schön der Bibelabschnitt ist, der unserem Vers vorausgeht? In den Versen 4 bis 10 wird die große Erlösung verkündet, die Gott uns gewährt hat. Diese Erlösung wird mit den Worten zusammengefaßt: „Aus Gnade seid ihr selig geworden durch den Glauben.“ Aus diesem Abschnitt erfahren wir sechs Eigenschaften des Lebenswandels und der Hingabe eines Christen.

1. *Es ist eine gegenwärtige Realität.* „Ihr seid selig geworden – Gott hat uns lebendig gemacht samt Christus – und hat uns samt ihm auferweckt – und samt ihm in das himmlische Wesen gesetzt – wir sind sein Werk, geschaffen in Christus Jesus zu guten Werken.“ Welch eine Erlösung! Das Ganze ist ein Werk Gottes in uns!

2. Alles geschieht *aus Gnade.* Diese Worte weisen auf das bereits Gesagte zurück: „Gott, der da reich ist an Barmherzigkeit – durch seine große Liebe, mit der er uns geliebt hat – auf daß er erzeigte in den zukünftigen Zeiten (d. h. von der Auferstehung an) den überschwenglichen Reichtum seiner Gnade – durch seine Güte gegen uns in Christus Jesus.“ Welche Reichtümer und welche Herrlichkeit sind in Gottes Gnade enthalten!

3. Wir bekommen alles *durch den Glauben.* „Und das nicht aus euch – Gottes Gabe ist es – nicht aus den Werken – geschaffen in Christus Jesus zu guten Werken, zu welchen Gott uns zuvor bereitet hat.“ Welch eine Erlösung und

welch eine Gnade sind für die Menschen bereitet, die sie im Glauben annehmen und darin leben!
In den Versen 11 bis 17 folgt eine Beschreibung der Art und Weise, wie diese Heiden zur Erkenntnis des Heils geführt worden waren. „Nahe geworden durch das Blut Christi" – Christus als ihr Friede zerstörte die Feindschaft und versöhnte Juden und Heiden zu *einem* Leib durch das Kreuz. Somit kommen wir zu unserem jetzigen Bibelvers: „Denn durch ihn haben wir den Zugang alle beide in *einem* Geist zum Vater." Hier begegnen wir wieder der heiligen Dreieinigkeit und lernen die kostbare Lektion, daß Christus und der Heilige Geist sich zu dem großen Werk vereinigen, um die dauerhafte, unaufhörliche Gegenwart Gottes in unserem Leben zu einer gesegneten Realität zu machen. Unser Bibelvers spricht nicht nur von einem Recht auf Zugang, sondern davon, daß wir diesen Zugang tatsächlich schon besitzen, da Christus und sein Geist ihn uns garantiert haben.
4. *„Zugang zum Vater."* Denken wir darüber nach, was die Heilige Schrift uns hierüber lehrt. In der Stiftshütte war das Allerheiligste vom Heiligtum, wo der Priester den täglichen Gottesdienst verrichtete, durch einen dicken Vorhang getrennt. Nicht einmal der Hohepriester durfte das Allerheiligste betreten, außer an einem einzigen, bestimmten Tag des Jahres. Das Allerheiligste war der Wohnort Gottes. Der Zutritt zum Allerheiligsten durch den Vorhang war nicht gestattet und wurde mit dem Tod bestraft. Als aber Christus starb, zerriß dieser Vorhang. Christus ging nicht nur selbst mit seinem eigenen Blut in die heilige Gegenwart Gottes hinein, sondern er bahnte zugleich für uns einen neuen lebendigen Weg durch den zerrissenen Vorhang seines Fleisches, durch den wir eintreten dürfen. Als im Tempel der Vorhang zerriß, war für alle Priester der Weg

zum Allerheiligsten freigemacht. Als Jesus in den Himmel einging, machte er den Weg für jeden Gläubigen frei, um in die heilige Gegenwart Gottes zu treten und das nicht nur für kurze Zeit, sondern um jeden Tag und den ganzen Tag über dort zu wohnen! Jesus sandte den Heiligen Geist vom Himmel, um uns in diese heilige Gegenwart hineinzuführen und um uns zu befähigen, darin zu leben. Die ununterbrochene Freude der Gegenwart Gottes ist für jeden Gläubigen möglich, der bereit ist, um ihretwillen alles andere hinter sich zu lassen.

5. *„Durch den Sohn."* Der Sohn ist nicht nur unser Anwalt, der uns die Vergebung unserer Sünden und die Annahme bei Gott sichert. Er ist vielmehr auch unser Hoherpriester, der in der Kraft eines endlosen, unvergänglichen Lebens lebt und wirkt. Er wirkt *in uns* durch die Kraft seines Auferstehungslebens, eines Lebens, das aus dem Himmel stammt. Durch Christus den Zugang zu Gott zu haben bedeutet, daß wir – als Menschen, die „samt Christus lebendig gemacht ... und samt ihm in das himmlische Wesen gesetzt sind" – in ihm leben und eins mit ihm sind. Wir bleiben in ihm und genießen durch ihn eine ständige, ununterbrochene Gemeinschaft mit Gott. *Durch den Zugang in Christus kommen wir Gott so nahe, wie Christus selbst ihm nahe ist, in einer innigen, göttlichen Gemeinschaft, die alle Vernunft übersteigt.*

6. *„In einem Geist."* Der Geist ist uns verliehen worden, damit wir die Kraft haben auszurufen: „Abba, lieber Vater", wie es auch Christus selbst tat. Der Geist wohnt in uns, um uns Christus zu offenbaren. Ohne ihn kann niemand Jesus wahrhaftig einen Herrn nennen. Der Geist übt die Herrschaft über unser ganzes Leben und Sein aus; wer sich ihm ganz ausliefert und ihm völlig vertraut, der erlebt, daß der Geist ihm eine ständige Gemeinschaft mit dem Vater im

Allerheiligsten durch den Sohn ermöglicht. Er macht diese Gemeinschaft zu einer göttlichen Realität in unserem Leben.

Dies ist der neutestamentliche Maßstab christlichen Lebens: Der Eingang und der Zugang zu Gottes heiliger Gegenwart und Liebe durch die lebendige Vereinigung mit Christus in der Kraft seines Heiligen Geistes. Um uns dies zu eigen zu machen, brauchen wir nur eines: Die Praxis der Gegenwart Gottes, nämlich die ständige Auslieferung unseres Lebens an die Führung des Heiligen Geistes. Wir müssen ein Leben des Zugangs durch Christus im Geiste erstreben, damit wir das zurückerlangen, was Adam durch den Sündenfall verloren ging, nämlich einen Wandel im Lichte Gottes. Dieser Wandel muß genauso selbstverständlich und natürlich sein wie für unseren Leib die Freude am Sonnenschein. Kein Gedanke, kein Gefühl, keine Anstrengung kann uns so stark machen, daß wir fähig wären, auf die tägliche Wahrnehmung unseres Vorrechts, in das Allerheiligste zu treten und uns dort aufzuhalten, zu verzichten.

Die meisten von uns sind mit dem Kirchenlied vertraut, in dem es heißt: „Nimm dir Zeit, um heilig zu sein." Mir fiel auf, wie dieser Ausdruck in der Lebensbeschreibung von Griffith John benutzt wurde. Nachdem John über 20 Jahre in China Missionar gewesen war, sagte er häufig zu jungen Missionaren: „Predigt das Evangelium; aber bereitet euch darauf vor, indem ihr euch Zeit nehmt, um heilig zu sein." Im Jahre 1877 sagte er auf der Misionskonferenz in Schanghai: „Ein Missionar muß vor allen Dingen ein heiliger Mensch sein; das erwarten die Chinesen von ihm. Ich bin überzeugt, daß kein Prediger einen großen, geistlichen Einfluß ausüben kann, bei dem die Heiligung nicht in großem Maße zu sehen ist. Ein solcher Prediger muß mehr sein als nur ein guter Mensch; er muß ein Mensch sein, der sich nicht nur Zeit nimmt, um die Landessprache zu beherrschen oder die Literatur des Volkes kennenzulernen, sondern der sich Zeit nimmt, um heilig zu sein ... Brüder, das ist es, was wir brauchen, wenn wir dieses Reich bewegen wollen. Zu diesem Zweck muß der Gnadenstuhl unsere Zuflucht sein; unser Wohnort muß jeden Tag und jede Stunde der Schatten des Allmächtigen sein. Wir müssen uns Zeit nehmen, um uns mit seiner Kraft erfüllen zu lassen. Wir müssen uns Zeit nehmen, um heilig zu sein!"

Nur der, der sich vollends dem Zugang zum Allerheiligsten widmet, wo Gott selbst wohnt und sich durch Christus im Geist offenbart – nur dem wird die seligmachende Wahrheit zum Bewußtsein kommen, daß die volle Gemeinschaft mit Gott in seiner Heiligkeit auch uns heilig macht. Nur in dieser innersten Kammer der Gegenwart Gottes lernen wir wahre Hingabe.

Nimm dir Zeit für Gott, den dreieinen Heiligen. Nimm dir Zeit für den Vater, von dem es heißt: „Er aber, der Gott des Friedens, heilige euch durch und durch. Getreu ist er, der euch ruft; er wird's auch tun." Nimm dir Zeit für Christus, den Heiligen Gottes, der sagte: „Heiliger Vater, ich heilige mich selbst für sie, auf daß auch sie geheiligt seien in der Wahrheit." Nimm dir Zeit für den Heiligen Geist, den Geist der Heiligkeit Gottes, der dich zu seinem heiligen Tempel macht. Nimm dir Zeit für diese heilige Gemeinschaft; Gott selbst wird dich dann durch und durch heiligen. Lebe in dieser ununterbrochenen Erfahrung. Durch Christus haben wir den Zugang in *einem* Geist zum Vater.

Kapitel 8

Der Tempel des Geistes

„Da Jesus Christus der Eckstein ist, auf welchem der ganze Bau ineinandergefügt wächst zu einem heiligen Tempel in dem Herrn; auf welchem auch ihr miterbaut werdet zu einer Behausung Gottes im Geist“ *(Epheser 2, 20b–22).*

Es geht in unserem Bibelabschnitt wieder um die heilige Dreieinigkeit: um Gott, den Vater, für den der Wohnort errichtet wird; um den Sohn, Jesus Christus, den Eckstein, auf welchem der Tempel wächst; und um den Geist, den Erbauer, durch den alle lebendigen Steine ineinandergefügt und mit dem Eckstein vereinigt und in die vollkommene Gemeinschaft mit Gott geführt werden. Wie im Himmel, so auch auf Erden – in der Kirche und im Herzen eines jeden wahrhaftig gläubigen Menschen ist der dreieine Heilige der Gott unserer Erlösung.

Der große Gedanke dieses Bibelabschnitts ist die Gemeinschaft – die Gemeinschaft des Geistes, wie diese im Tempel zu sehen ist. Zunächst wird diese Gemeinschaft als die Gemeinschaft der Gläubigen beschrieben, die zusammen zu einem heiligen Tempel erbaut werden. Vorher hatte Paulus davon gesprochen, daß die Heiden „fremd den Testamenten der Verheißung“ waren und daß sie jetzt „durch das Blut Christi“ nahe geworden waren. Er hatte erwähnt, daß die Feindschaft abgeschafft und ans Kreuz genagelt worden war, damit wir beide in *einem* Geist Zugang hätten zum Vater.

In Vers 19 heißt es dann: „So seid ihr nun nicht mehr Gäste und Fremdlinge, sondern Bürger mit den Heiligen und Gottes Hausgenossen.“ Wie Jude und Heide nun beide durch den *einen* Geist Zugang zum Vater hatten, so werden sie beide durch den *einen* Geist zu einem einzigen Tempel erbaut. Das Kreuz hat alle Trennung zwischen den Menschen weggenommen: Juden und Heiden, Griechen und Barbaren, die Weisen und die Törichten, alle sind sie *eins* in Christus Jesus. Nationale und gesellschaftliche Unterschiede sind nichts, verglichen mit der Einheit, die der Heilige Geist in Christus Jesus schafft. Der Zement, mit dem die lebendigen Steine zusammengehalten werden, das Band, durch das alle Mitglieder des einen Haushalts und Glieder an einem einzigen Leib geworden sind, ist nichts Geringeres als der Geist, das Leben und die Liebe Gottes. Die Gemeinschaft mit Christus, dem Eckstein, ist ebenfalls das Werk des Heiligen Geistes. In ihm finden sowohl der Gläubige hier auf der Erde als auch der Vater im Himmel ihr Band der Einigkeit. Wir werden sicherlich zu leiden haben, wenn wir etwas für das Ziel halten, das an sich nur ein Mittel ist. Viele Menschen halten Vergebung und Frieden, Gehorsam und Heiligung für Ziele, doch sind sie in Wirklichkeit nur Mittel, um das große Ziel der völligen Vereinigung mit Gott zu erreichen.

Wenn wir vom mosaischen Gottesdienst sprechen, schätzen und betonen wir den Gedanken von der Versöhnung durch Blutvergießen und vom Zugang des Hohenpriesters zum Allerheiligsten, wo er den Gnadenstuhl mit Blut besprengt. Wir sehen in diesen Riten ein Schattenbild auf das, was Christus für uns vollbracht hat; doch wir vergessen dabei, daß es etwas noch Höheres gibt – nichts weniger als die Gegenwart Gottes und die Gemeinschaft mit ihm. Gott wohnte im Heiligtum mitten unter seinem Volk, damit er ihr Gott sei und damit das Volk sich an seiner Führung, an seinem Segen, an seiner mächtigen Befreiung in Zeiten der Not und an seiner bleibenden Gegenwart erfreuen konnte.

Das ist es, was wir brauchen, um unser Herz am Wort Gottes festzumachen: *Die Gemeinschaft mit dem Vater und mit dem Sohn, jene vertraute, heilige und ununterbrochene Gemeinschaft ist das, wozu der Mensch erschaffen wurde und in die er durch Jesus Christus wiedereingesetzt wurde.*
Wenn Gläubige ihre Abhängigkeit von Christus und ihre unauflösliche Vereinigung mit ihm annehmen und erkennen, und wenn sie es dem Heiligen Geist zutrauen, in ihnen diese Gegenwart Gottes aufrecht zu erhalten, dann werden sie die Erfahrung machen, daß die Gegenwart und die Kraft Gottes die höchsten aller Segnungen sind, mit denen er uns in Christus Jesus gesegnet hat.
Im apostolischen Segen zeigt uns der Ausdruck „die Gemeinschaft des Heiligen Geistes", was das wichtigste Werk des Geistes ist. Durch ihn allein haben wir unseren Zugang in Christus zum Vater. Er offenbart uns Christus, die Realität unserer Vereinigung mit ihm und unsere Nähe zu Gott, die er schenkt. Er baut nicht nur den Tempel, sondern er offenbart auch den innewohnenden Gott. Er baut nicht nur den Tempel als ganzes, sondern er macht jedes Herz zum Tempel und offenbart, wie sehr Gott bereit und fähig ist, in unserem Herzen das zu sein und zu tun, was er in seinem Himmel droben ist und tut. Viele Christen halten es für unmöglich, daß jemals die Gegenwart Gottes den ganzen Tag bei ihnen bleiben und sie bewahren könnte; aber genau das ist durchaus möglich, wenn wir den Heiligen Geist als die in uns wirkende Kraft Gottes erkennen und an ihn glauben.
Die Gemeinschaft mit Gott, mit Christus als dem Eckstein und miteinander ist das, was unser Erbautwerden als Behausung Gottes im Geist so selig macht. Wir müssen erkennen, daß durch das Kreuz Christi die Selbstsucht zerstört wurde, und daß wir jetzt die Möglichkeit haben, jene

Liebe zu leben, die als Lebensstil die völlige Selbsthingabe erstrebt. Das Verständnis dafür wird uns enthüllen, daß die vertraute Gemeinschaft mit anderen Christen genauso heilig und unerläßlich ist wie unsere Gemeinschaft mit Gott selbst.

Dann werden wir nicht nur erkennen, wie absolut unser geistliches Leben von dieser Gemeinschaft abhängig ist, sondern es wird uns auch klar, daß es außer durch die Liebe zum Bruder keinen anderen Weg gibt, unsere Liebe zu Gott und die Realität der Liebe Gottes zu uns zu beweisen. Unser Herr Jesus betete: „Daß sie eins seien, gleichwie wir eins sind ..., daß die Welt erkenne, daß du ... liebest sie, gleichwie du mich liebst." Mit diesen Worten lehrte er uns, daß eine gespaltene Kirche vor dem Feind kraftlos ist. Nur eine Liebe zum Bruder, die so groß ist wie die Liebe Gottes und Christi, kann uns zum Sieg verhelfen. Wenn die Welt diese Liebe sieht, wird sie zu dem Bekenntnis gezwungen, daß der gekreuzigte Christus wahrhaftig in uns anwesend ist und wirkt. Jemand hat gesagt: „Wenn die pfingstliche Kraft wieder offenbart würde, ohne daß die Christen die Einheit des Leibes Christi erkennen könnten, dann würden die Konfessionen für sich die Ehre einheimsen, anstatt sie dem König zu Füßen zu legen."

Der neutestamentliche Maßstab geistlichen Lebens muß neu auf den Leuchter gestellt werden, und die Liebe zum Bruder muß wieder den Platz einnehmen, der ihr im Wort Gottes eingeräumt wird. Nur so kann unsere Liebe zu Gott sich als echt erweisen. Nur so können wir in das Ebenbild Christi verwandelt und seiner Liebe am Kreuz gleichgestaltet werden. Dann wird unser Gebetsleben von der Selbstsucht befreit, die sich ihm häufig in den Weg stellt. In unserem Herzen werden wir eine neue Zuversicht verspüren, daß Gott die Gebete erhören wird, die der Geist uns lehrt, nämlich unsere Gebete um das Wachstum eines heiligen Tempels im Herrn und um die Entstehung einer würdigen Behausung Gottes im Geist. Und wir werden erfahren, daß die Kraft des Heiligen Geistes und unsere Hingabe an ihn den ganzen Tag über das Kennzeichen unseres Lebens sein können.

Kapitel 9

Der Geist der Mission

„Mein Verständnis des Geheimnisses Christi ..., wie es jetzt offenbart ist seinen heiligen Aposteln und Propheten durch den Geist; nämlich daß die Heiden Miterben sind und mit zu seinem Leibe gehören und Mitgenossen der Verheißung in Christus Jesus sind durch das Evangelium" (Epheser 3, 4–6).

Wer den Epheserbrief eingehend studiert, kann sich des starken Eindrucks nicht erwehren, daß in der heutigen Kirche der neutestamentliche Maßstab geistlicher Hingabe nur äußerst schwach verwirklicht wird. Das Neue Testament schildert uns ein höchst übernatürliches Leben. Der in der Hingabe lebende Christ identifiziert sich ganz und gar mit dem Leben Christi. Als Voraussetzung dafür braucht er die ununterbrochene Gegenwart und Führung des Geistes.

Im ersten Kapitel unseres Briefes malte uns Paulus die Quelle des göttlichen Lebens vor Augen und betete unaufhörlich darum, daß dieses Leben durch den Heiligen Geist im Leben seiner Leser offenbart werden möchte.

Im zweiten Kapitel ging es dann um die Mitteilung dieses Lebens: Gott selbst macht uns in Christus lebendig; wir sind sein Werk, geschaffen in Christus Jesus zu guten Werken.

Hier im dritten Kapitel erfahren wir, daß die Verkündigung dieses göttlichen Lebens ebenfalls ein Werk Gottes und seines Geistes ist. So bestimmt, wie die Quelle und auch die Mitteilung dieses Lebens übernatürlicher Art sind, so gewiß sind auch alle Möglichkeiten, diese Botschaft in der Welt zu verkündigen, ganz und gar übernatürlicher Art.

Hier wird uns die überschwengliche Herrlichkeit der Gnade Gottes in einem neuen Licht vor Augen gemalt. Im ersten Kapitel ging es um „seine herrliche Gnade, durch welche er uns hat angenehm gemacht in dem Geliebten“ und um „die Vergebung der Sünden, nach dem Reichtum seiner Gnade“. Im zweiten Kapitel ging es um den „überschwenglichen Reichtum seiner Gnade durch seine Güte gegen uns in Christus Jesus“. Hier im dritten Kapitel geht es um die „Austeilung der Gnade Gottes ..., wie sie nun offenbart ist seinen heiligen Aposteln und Propheten durch den Geist“. Dessen Diener war Paulus geworden „nach der Gabe der Gnade Gottes, die mir nach seiner mächtigen Kraft gegeben“ war. Im Dienst am Evangelium sollen die Reichtümer der Gnade Gottes auf hervorragende Weise kundgetan und verherrlicht werden. Paulus spricht vom „Geheimnis Christi“, das jetzt durch den Heiligen Geist offenbart worden ist: Die Tatsache, daß die Heiden nun Miterben, Glieder an demselben Leib und Mitgenossen in Christus Jesus geworden sind. Paulus wurde zum Diener an diesem Geheimnis eingesetzt.
Was in den vorigen Zeiten in Gott verborgen war, war nun durch den Geist offenbart worden. So wurde jetzt auch der Dienst, das Evangelium aller Kreatur zu verkündigen, unter der Gegenwart und Leitung des Geistes angefangen und durchgeführt. In der Apostelgeschichte lesen wir, daß es „der Geist“ war, der Philippus mitteilte, er solle mit dem Kämmerer aus Äthiopien sprechen. Es war „der Geist“, der zu Petrus sagte, er solle ins Haus des Kornelius einkehren. Zu den versammelten Betern in Antiochien sprach der Heilige Geist: „Sondert mir aus Barnabas und Saulus“. Es „gefiel dem Heiligen Geist“, daß den Heidenchristen in Antiochien die Freiheit gewährt werden sollte. Wir lesen davon, daß „der Heilige Geist dem Paulus verbot“, in Asien

das Wort zu verkündigen, und daß „der Geist Jesu“ es nicht zuließ, daß sie nach Bithynien zogen. Paulus spricht von dem, was Christus durch ihn „in der Kraft des Heiligen Geistes“ bewirkt hatte, um die Heiden zum Gehorsam zu führen. Er sagt, seine Verkündigung des Evangeliums unter den Heiden sei wohlgefällig vor Gott und „durch den Heiligen Geist geheiligt“. An anderer Stelle heißt es, seine Predigt unter den Heiden sei „in Kraft und im Heiligen Geist und in großer Gewißheit“ geschehen, „wie auch sie das Wort mit Freuden im Heiligen Geist“ aufgenommen hätten.

Dem Heiligen Geist war der ganze Dienst anvertraut worden, durch die folgenden Zeitalter hindurch die Reichtümer seiner Herrlichkeit in diesem Geheimnis den Heiden zu offenbaren: „Christus in euch, die Hoffnung auf die Herrlichkeit.“ Alle missionarische Arbeit ist dem Heiligen Geist unterstellt; wer missionarisch tätig sein will, muß in jeder Beziehung die Führung des Heiligen Geistes suchen und auf sie zählen. Die Mission ist wahrhaft das Werk des Heiligen Geistes (Apostelgeschichte 1, 8).

Wir können mit gutem Grund fragen, warum diese Bibelstellen über die Stellung des Heiligen Geistes bei der missionarischen Aufgabe so wenig beachtet werden. Es ist zu befürchten, daß die Ursache bei einem Mangel an lebendigem Glauben an den Heiligen Geist liegt. Es ist das Werk des Heiligen Geistes, das große Geheimnis Gottes in unserem Herzen offenbar zu machen, unsere Gefühle und unseren Willen zu erwecken und uns für allen Dienst auszurüsten, der nötig ist, um den heiligen Willen Gottes auszuführen. Es genügt nicht, daß der Geist dieses verborgene Geheimnis Gottes den Aposteln und den Propheten, den Predigern und den Vertretern wahrer Hingabe offenbarte. Das Ergebnis wäre, daß die Kirche als Ganzes mit seinen

Plänen nur oberflächlich Bekanntschaft schließen würde. Aber wenn uns das gesegnete Geheimnis wirklich bestimmen und von uns Besitz ergreifen soll, muß jeder einzelne Christ, der diese Botschaft hört, die Lehre des Geistes persönlich empfangen.

Wir halten es für einen großen Fortschritt, wenn eine Kirche oder Gemeinde sich dem Ruf stellt, am großen Werk der Evangelisation der Völker mitzuarbeiten. Es ist aber leider möglich, daß auch diese Bereitschaft nur auf ein gewisses Pflichtbewußtsein oder auf den Wunsch zurückzuführen ist, sich unbedingt an allen Aktivitäten der christlichen Kirche zu beteiligen. Wenn die Gläubigen die große Wahrheit erkennen sollen, daß die Mission der eigentliche Daseinszweck der Kirche ist, muß etwas noch viel Größeres geschehen. Die Mission ist das einzige Lebensziel einer jeden Ortsgemeinde und darum auch eines jeden einzelnen Christen. Auch da, wo der Heilige Geist verehrt wird und die Christen auf ihn harren, auch da, wo Wortverkündigung und Bücherschreiben, Gebet und christliches Gespräch, ja die ganze Arbeit der Kirche, darauf ausgerichtet sind, die Gläubigen zu Seelengewinnern zu erziehen, gibt es eine wichtige Vorbedingung: Die Abhängigkeit vom Heiligen Geist muß für das erste und wesentliche Element allen Erfolgs gehalten werden. Erst dann wird die Kirche in der Lage sein, die Gebote ihres Herrn zu befolgen. Erst wenn der Heilige Geist bei unseren Missionsausschußsitzungen und Missionskonferenzen die Stellung einnimmt, die ihm in der Urgemeinde eingeräumt wurde, dürfen wir damit rechnen, daß seine Kraft wie in jenen ersten Tagen offenbar werden wird.

„Ihr werdet die Kraft des Heiligen Geistes empfangen, welcher auf euch kommen wird, und werdet meine Zeugen sein … bis an das Ende der Erde.“ Das waren die allerletzten

Worte unseres Herrn, vor seiner Aufnahme in den Himmel. Sie brachten die Verheißung des Geistes mit den Enden der Erde in Verbindung. *Die Fülle des Geistes wird uns nur in Verbindung mit der Ausdehnung des Reiches Gottes verliehen.* Die Kraft, das Evangelium sowohl in unserer unmittelbaren Umgebung als auch in weiter Ferne zu verkündigen, hängt gänzlich davon ab, in welchem Maße der Geist bei uns gegenwärtig ist. Jedes Gebet um die Kraft des Geistes sollte mit dem Gedanken ausgesprochen werden, Kraft zum Zeugendienst für Jesus zu bekommen. In dem Maße, wie die Zahl der Gläubigen zunimmt, die fähig sind, im Gebet um die Ausgießung des Heiligen Geistes zu siegen, wird die Kirche in ihrem Bemühen gestärkt werden, das Evanglium aller Kreatur zu verkündigen.
Die Verbindung zwischen diesem Gedanken und unserem persönlichen Gebetsleben ist naheliegend und wesentlich. Paulus sprach zu den Gläubigen von dem „Konflikt", an dem er im unaufhörlichen Gebet für die Gemeinden unter den Verlorenen beteiligt war, sogar für die Gemeinden, die er noch nicht einmal gesehen hatte. Er bat die Christen, seine Mitarbeiter zu sein und bei seinem Dienst der Evangeliumsverkündigung unter den Heiden „im Gebet mitzukämpfen". Das Gebet sollte nicht nur die Bedürfnisse des geistlichen Lebens stillen, sondern vielmehr auch eine Schule sein, in der wir die höchsten Kräfte unseres Seins im Dienst für Gott ausbilden lassen. Gebet ist Konflikt mit den Finsternismächten, Gemeinschaft mit dem Kreuz und seiner Fürsprache, und es ist das Anspornen unserer Kraft, damit wir Gott ergreifen und bei ihm den Ausschlag geben für seinen Segen für die Menschen um uns herum. Wenn das Bewußtsein in uns wach wird: „Ich habe Macht bei Gott; er wird mich erhören; er wird mir eine Antwort geben", dann wird unsere missionarische Arbeit mehr denn

je zu einem Triumpf des Kreuzes in unserem eigenen Leben, vor dem himmlischen Thron und auf dem Schlachtfeld, wo um Verlorene gekämpft wird.
Wir wollen unser Gebetsleben an dem Einfluß messen, den es wirklich auf die Erfüllung des Geheimnisses Christi in dieser Welt ausübt. Wir wollen glauben, daß ein Werk, das in der Ewigkeit zählen wird, sich im stillen Kämmerlein vollbringen läßt; daß wir da die Kraft empfangen können, die spürbar werden wird, in welchem Bereich auch immer Gott uns für den Bau seines Reiches auf Erden einsetzt. Wir wollen keine Angst davor haben, das von uns selbst zu behaupten, was Paulus über sich sagen konnte: „Mir, dem allergeringsten unter allen Heiligen, ist gegeben diese Gnade, unter den Heiden zu verkündigen den unausforschlichen Reichtum Christi."
Möge unsere Hingabe stets eine vorbehaltlose Auslieferung an den Heiligen Geist sein. Wir dürfen es ihm zutrauen, daß er uns in die Reichtümer der Herrlichkeit dieses Geheimnisses unter den Heiden hineinführen wird. Und wir werden mit zunehmender Intensität um die Kraft des Heiligen Geistes bitten, damit er alle missionarische Arbeit, ob sie innerhalb der Kirche oder durch sie unter den Verlorenen geschieht, durchdringe.

Kapitel 10

Der Geist der Kraft

„Derhalben beuge ich meine Knie vor dem Vater ..., daß er euch Kraft gebe nach dem Reichtum seiner Herrlichkeit, stark zu werden durch seinen Geist an dem inwendigen Menschen, daß Christus wohne durch den Glauben in euren Herzen“ (Epheser 3, 14–17).

In diesem wunderbaren Gebet haben wir es noch einmal mit der heiligen Dreieinigkeit zu tun: Der Vater gibt den Geist der Kraft; der Geist offenbart Christus in unserem Herzen; und alles, damit wir durch Christus und seinen Geist mit der ganzen Fülle Gottes erfüllt werden! Gott thront als der Dreieine im Himmel, und ebenso in unserem Herzen.[1]

Am Schluß des ersten Kapitels betete Paulus, daß wir den Geist der Weisheit bekommen mögen, damit wir Gott in der überschwenglichen Größe seiner Macht an uns, den Glaubenden, erkennen mögen. Im dritten Kapitel betet er für uns um den Geist der Kraft, der uns stärken soll. Es ging ihm darum, daß wir in unserem Inneren ununterbrochen die überschwengliche Größe der Kraft Gottes erleben sollten. Wir wollen uns in tiefer Ehrfucht beugen und das Geheimnis dieser Liebe betrachten.

Merken wir uns diesen Satz: „Daß er euch Kraft gebe nach dem Reichtum seiner Herrlichkeit.“ Paulus möchte, daß wir uns Zeit nehmen, um über die Herrlichkeit Gottes und über seine unvorstellbaren Reichtümer nachzudenken. Paulus möchte, daß wir im Glauben ein Handeln Gottes gemäß dem Maßstab dieser herrlichen Reichtümer erwarten.

Was in unserem inwendigen Menschen geschehen soll, ist gleichen Wesens mit der Herrlichkeit Gottes. Gott hat vor, diese Herrlichkeit in unser Herz hineinstrahlen zu lassen und durch das, was sie in uns bewirkt, die Reichtümer seiner Macht zu offenbaren. Wir dürfen erst dann im Glauben mit der Erhörung dieses Gebetes rechnen, wenn wir die Verheißung für uns persönlich in Anspruch nehmen, daß Gott „nach dem Reichtum seiner Herrlichkeit" an uns handeln wird. Wir sollten uns Zeit nehmen, um sicherzugehen, daß nichts weniger als dies der Maßstab unseres Glaubenslebens ist.

Wir sollen erwarten, daß er uns „Kraft gebe, stark zu werden durch seinen Geist am inwendigen Menschen". Der Heilige Geist ist wahrhaftig die mächtige Kraft Gottes. Als Geist der Weisheit offenbart er die überschwengliche Größe der Kraft Gottes, die Christus vom Kreuz zum Thron erhob. Zunächst muß er uns lehren, diese überschwengliche Größe der Kraft Gottes an uns zu erkennen, uns danach zu sehnen und daran zu glauben. Dann wirkt er als der Geist der Kraft in uns, indem er uns mit Kraft am inwendigen Menschen stärkt.

In seinem Wort ruft Gott seine Knechte immer wieder auf, getrost und unverzagt zu sein. Gott erwählt, was schwach ist vor der Welt; aber sofern wir wirklich schwach sind, möchte er uns im Glauben stark machen und in der Kraft seiner Stärke gefestigt sehen. Er möchte uns mit Willensstärke ausrüsten, damit wir bereit werden, alles zu tun, was er uns sagt. Er möchte, daß wir einen starken Charakter und Mut zu jedem denkbaren Opfer haben. In einem gesunden Körper kann die Kraft nicht vom Leib getrennt werden, sondern sie erfüllt das ganze Wesen. In gleicher Weise bedeutet stark zu werden am inwendigen Menschen durch den Geist, daß unser ganzes Wesen und unser ganzer Charakter unter die

Herrschaft seiner mächtigen, lebenspendenden Kraft kommen.
Der Zweck dieser Stärkung ist dreifach. Zunächst soll Christus durch den Glauben in unserem Herzen wohnen. Die göttliche Macht rüstet unseren Glauben aus und befähigt uns so, ein kostbares Vorrecht in Anspruch zu nehmen: Die Erfüllung der Verheißung aus Johannes 14. Gemäß dem Gebet in Epheser 1 hat der Heilige Geist die Aufgabe, uns Christus durch die Kraft Gottes als den Gegenstand unseres Glaubens zu offenbaren. Hier kommt der Heiland noch näher; der Geist offenbart, daß er tief in unserem Inneren wohnt und macht uns seine ununterbrochene, allmächtige Gegenwart bewußt. Im Körper des Menschen sorgt Gott für die Fortdauer des Lebens, indem er die Tätigkeit des Herzens unterstützt. Ebenso macht uns der Heilige Geist täglich durch seine allmächtige Kraft stark am inwendigen Menschen, damit wir in der Lage sind, ein echtes geistliches Leben zu führen. Die Innewohnung Christi in unserem Herzen soll unsere Kraft sein.[2]
Dann folgt die zweite Verheißung. Infolge der Innewohnung Christi werden wir „in der Liebe verwurzelt und gegründet" und können auf diese Weise etwas verstehen von der Echtheit und der Freude, die uns aus der Liebe Christi erwachsen, die jede menschliche Erkenntnis übertrifft.
Dies führt wiederum dazu, daß wir „mit allerlei Gottesfülle erfüllt" werden, d. h., daß der Geist der Kraft den inwendigen Menschen und die Gegenwart Christi unser Herz erfüllt, und so die Fülle Gottes sich ausbreitet bis in die Tiefen unserer Persönlichkeit hinein.
Kein Wunder, daß Paulus anschließend schreibt: „Dem aber, der überschwenglich tun kann über alles, was wir bitten oder verstehen, nach der Kraft, die da in uns wirkt, dem

sei Ehre ... von Ewigkeit zu Ewigkeit!" Der Glaube, daß der Vater der Herrlichkeit nach dem Reichtum seiner Herrlichkeit an uns handeln wird, wird uns lehren, in tiefer Beugung anzubeten und nur noch zu sagen: „Ihm allein sei Ehre, Ehre für immer und ewig!"
Dieser Lobpreis ist in Wirklichkeit eine Offenbarung der Wurzel, aus der heraus der Maßstab des Paulus im Hinblick auf das Gebet, auf die Erwartung und auf die Leistung wächst. Paulus war nämlich von einem einzigen Gedanken erfüllt: Die Stärkung durch die Kraft Gottes und in Übereinstimmung mit dem Reichtum der Herrlichkeit Gottes, diese Stärkung, um die er gebetet hatte, war ein Erlebnis, das tatsächlich gemacht werden konnte und durfte. Er wußte, daß viele Christen sagen würden, sein Gebet sei nur eine Idealvorstellung oder ein Mittel, um unser Verlangen zu wecken, eine tatsächliche Erfüllung dieses Gebets sei jedoch im Diesseits außer unserer Reichweite. Aber ein derartiger Gedanke würde nur die Wurzel des Glaubens an die übernatürliche Kraft Gottes abschneiden, die uns hier durch die Verheißung absolut zugesichert wird und darum auch in unserem Erleben möglich sein muß. Paulus will den Leser zu der Feststellung auffordern: Alles das, was er sich aus den Reichtümern der Herrlichkeit gewünscht hatte – die Stärkung durch die Kraft Gottes, die fortwährende Innewohnung Christi im Herzen, solch eine Verwurzelung in der Liebe, daß wir dadurch die Liebe Christi kennenlernen, die alle Erkenntnisse übertrifft, und mit der Fülle Gottes erfüllt werden – all das sei zu hoch oder viel größer als alles, was wir zu bitten oder zu verstehen imstande wären. Er wußte nämlich, daß Gott bereit war, an jedem, der vorbehaltlos sein Herz und sein Leben an ihn auslieferte, nach dem gleichen Maß der überschwenglichen Kraft zu handeln, wie er, Paulus, es auch schon in seinem eigenen Leben

erfahren hatte. Also nimmt er jedem Zweifel den Boden und ermutigt jeden ernsthaften Christen, Gott die Erhörung seines Gebetes zuzutrauen und mit ihm zu sagen: „Dem aber“ – wir wollen innehalten und es mit Demut und aller Ehrfurcht ihm nachsprechen – „Dem aber, der überschwenglich tun kann über alles, was wir bitten oder verstehen, nach der Kraft, die da in uns wirkt, dem sei Ehre ... in Christus Jesus ... zu aller Zeit ... Amen!“

Hier sehen wir, welchen Maßstab Paulus an das Leben neutestamentlicher Christen anlegte. Ist das auch unser Maßstab? Glaube ich von ganzem Herzen und mit ganzer Seele an diese Wahrheiten? Wird dadurch meine persönliche Andacht im Gebet verwandelt? Wird dadurch meine Lebenshingabe an Christus als das Großartigste auf der Welt inspiriert?

Wir wollen zu den Eingangsworten zurückkehren: „Derhalben beuge ich meine Knie vor dem Vater“ – und für uns selbst flehen. Als Gottes Volk sind wir dafür verantwortlich, daß wir tatsächlich nach dem Reichtum seiner Herrlichkeit gestärkt werden. Gott wartet darauf, uns diese Erfahrung zu schenken. Wollen wir noch warten, ehe wir sie empfangen? Und, was noch mehr ist, wer wird sich wie Paulus einem Leben der Fürbitte weihen? Wer wird für die anderen Gläubigen um ihn herum und mit ihnen flehen, daß sie es lernen, mit dem überschwenglichen Wirken der Kraft Gottes zu rechnen? Wer ist bereit, zu flehen, daß das, was ihnen jetzt zu hoch vorkommt, zum Gegenstand ihres Verlangens und ihrer vertrauensvollen Zuversicht werden möge – nämlich, daß sie ein Glaubensleben führen, bei dem Christus wirklich in ihrem Herzen wohnen wird?

Kapitel 11

Die Einheit im Geist

„So ermahne ich euch nun ..., daß ihr wandelt, wie sich's gebührt eurer Berufung, mit der ihr berufen seid, in aller Demut und Sanftmut, in Geduld; und vertraget einer den andern in der Liebe und seid fleißig, zu halten die Einigkeit im Geist durch das Band des Friedens" (Epheser 4, 1–3).

Wir können den Epheserbrief in zwei gleich lange Abschnitte aufteilen. In den Kapiteln 1 bis 3 sehen wir, wie durch den Heiligen Geist der himmlische Ursprung des göttlichen Lebens im Herzen des Menschen offenbart wird. In den Kapiteln 4 bis 6 sehen wir dann, wie sich der Christ bei seinem täglichen Wandel zu verhalten hat. Die beiden Abschnitte des Briefes stehen in Einklang mit dem, was wir bereits über die Hingabe als Akt und als Gewohnheit zu sagen hatten. Die ersten drei Kapitel beginnen mit einem Akt der Anbetung: „Gelobt sei Gott, der uns gesegnet hat", und erklären uns, woraus dieser Segen besteht. Zum Schluß des Abschnitts wird dem Ehre zugeschrieben, der überschwenglich tun kann über alles, was wir bitten oder verstehen. Jeder Akt des Gebets oder des Lobpreises bedeutet, daß die Seele mitten unter all jenen Reichtümern den ihr gebührenden Platz einnimmt und danach trachtet, völliger von ihnen Besitz zu ergreifen. Am Anfang der letzten drei Kapitel steht: „Wandelt, wie sich's gebührt eurer Berufung." Hier lernen wir, daß wir die Hingabe als Gewohnheit der Seele in den üblichen Dingen des täglichen Lebens ausleben sollen. Wie im Brief, so auch in unserem Erleben: Die Hingabe erhebt uns in himmlische Regionen, und bei unserer Rückkehr zum Irdischen sind wir so sehr mit Segnungen

erfüllt, daß wir durch unsere Einstellung und unser ganzes Verhalten zeigen, daß unser ganzes Leben Gott allein geweiht ist.
Die ersten Worte des zweiten Briefabschnitts führen uns zu der eigentlichen Quelle eines christlichen Lebenswandels. „Wandelt, wie sich's gebührt eurer Berufung ... in aller Demut und Sanftmut ... und seid fleißig, zu halten die Einigkeit im Geist durch das Band des Friedens." Das große Kennzeichen der Berufung Christi im Leben eines gläubigen Menschen ist *die Demut.* In den darauffolgenden Versen geht es dann um „einen Leib und einen Geist" und um eine weitere Enthüllung dessen, was der Heilige Geist als Geist der Einheit bewirkt. Aber in dem Bibelwort, über das wir jetzt sprechen, geht es um die Einheit im Geist, die unseren täglichen Umgang mit den anderen Gläubigen prägen sollte. Inmitten aller Verschiedenheit der Charaktere und aller Versuchungen, die uns aus der Unvollkommenheit anderer Christen oder aus dem Bösen in ihrem Leben erwachsen mögen, ist und bleibt das erste Kennzeichen wahrer Hingabe – eines Gott geweihten und Gott ausgelieferten Lebens –: ein Wandel „in aller Demut und Sanftmut".
Wer erkennen will, wie wichtig diese Aussage ist, der lese sie zunächst in Verbindung mit den ersten drei Kapiteln des Epheserbriefs. Denken wir an die himmlischen Segnungen, mit denen Gott uns in Christus Jesus gesegnet hat. Denken wir an die überschwengliche Größe seiner Kraft im Leben derer, die an ihn glauben. Denken wir an den Heiligen Geist, durch den diese Gotteskraft in unserem Leben offenbart werden soll, durch den wir in Christus Zugang haben zum Vater, und als Wohnort Gottes aufgebaut werden und durch den wir auch nach den Reichtümern der Herrlichkeit Gottes gestärkt werden sollen, damit Christus in unserem

Herzen wohne. Denken wir an den Lobgesang, in dem es heißt, daß er überschwenglich tun kann über alles, was wir bitten oder verstehen, nach der Kraft, die da in uns wirkt – um alle diese Verheißungen in uns wahr zu machen. Wir sollten uns Zeit nehmen, damit wir den wunderbaren Maßstab geistlichen Lebens, der uns in diesen Worten gezeigt wird, auch nur einigermaßen begreifen.

Achten wir auch auf den Übergang: „Wandelt, wie sich's gebührt eurer Berufung in aller Demut und Sanftmut." Das ist die Frucht dieser erstaunlichen Offenbarung der Gnade Gottes, das einzige Zeichen dafür, daß du wirklich daran teilhast: eine tiefe und nie endende Demut. Die Demut ist der Beweis dafür, daß Gott zu dir gekommen ist und sich dir offenbart hat. Dadurch hat er alles, was der Selbstsucht oder dem Hochmut auch nur ähnelt, in den Staub heruntergeholt.

Möchtest du diese Worte auf einer tieferen Ebene erfassen, so denke daran, daß diese Demut, diese Sanftmut deine innere Einstellung und Haltung nicht allein Gott, sondern ganz besonders auch deinen Mitmenschen gegenüber bestimmen soll.

„In aller Demut und Sanftmut, in Geduld, und vertraget einer den andern in der Liebe."

Es gibt keinen eindeutigeren Beweis dafür, daß ein Mensch vom geistlichen Segen Gottes in Christus Jesus erreicht und überwunden worden ist, als Demut und Sanftmut im Umgang mit seinen Mitmenschen. Die überschwengliche Größe seiner Kraft in uns, die wir glauben, läßt uns aus dem Tod dem Ich und der Sünde gegenüber auferstehen und erhebt uns zu Christus Jesus, der auf dem Thron sitzt. Dort sind wir dann „samt ihm in das himmlische Wesen gesetzt". So macht seine Kraft uns willig, wie Christus selbst das Gewand eines Dieners anzuziehen und die Arbeit eines

Sklaven zu verrichten. *Was bei Menschen unmöglich ist, das ist bei Gott möglich.*
Dieselbe christusähnliche Einstellung geht aus folgenden Worten hervor, die Paulus an die Gemeinde in Philippi richtete: „Tut nichts ... um eitler Ehre willen, sondern in Demut achte einer den andern höher als sich selbst." Der Meister selbst – das sanftmütige, demütige Lamm Gottes – sagte: „Lernet von mir; denn ich bin sanftmütig und von Herzen demütig." Paulus bekräftigte das, was er geschrieben hatte, mit folgenden Worten: „Ein jeglicher sei gesinnt, wie Jesus Christus auch war." Der Meister entäußerte sich selbst, nahm Knechtsgestalt an und ward gehorsam bis zum Tode, ja zum Tode am Kreuz. Er entäußerte sich der himmlischen Herrlichkeit, nahm für die Zeit seines irdischen Lebens Knechtsgestalt an und erniedrigte sich selbst bis zum Tode am Kreuz – das war die Gesinnung Jesu Christi.
Darin ist unsere Erlösung verwurzelt, und in der Teilhabe an diesen Tatsachen besteht unser Heil. Erst wenn wir diesen Geist in uns haben, erst wenn wir ein solches Leben führen, wird Christus verherrlicht und unser Herz geheiligt. Erst dann werden wir wahrhaft bezeugen können, bei Jesus gewesen zu sein.
Nur aus dieser inneren Haltung heraus schöpfen wir die Kraft, „fleißig zu halten die Einigkeit im Geist durch das Band des Friedens". Nicht das, was wir über die Lieblichkeit der Liebe oder über die Einheit des Leibes und die Kraft des Heiligen Geistes wissen, denken oder reden, beweist, daß wir wirklich Christen sind. Unser Christsein erweist sich vielmehr in der Demut und Sanftmut Christi in unserem täglichen Umgang mit unseren Mitchristen. Auch wenn sie uns enttäuschen oder zur Plage werden, sollten wir uns bemühen, alles aufzuopfern, wenn wir nur die Einheit im

Geist und das Band der Liebe erhalten können. Jesus legt diesen Maßstab an unseren Dienst an: Sind wir bereit, Knechte aller Menschen zu sein? Das mag vielleicht nicht einfach sein; aber Christus kam vom Himmel herab, um die Demut auf diese Erde zurückzubringen und um sie in unserem Herzen wirksam werden zu lassen.
Können wir aus persönlicher Erfahrung bezeugen, daß die Demut und Sanftmut Christi in der Lehre und in der Verkündigung der Kirche den Platz einnehmen, der ihr im Worte Gottes eingeräumt wird?
Wird wirklich in der Gemeinschaft der Christen der Versuch unternommen, diesem Maßstab wahren Christseins gerecht zu werden und die Einheit im Geist weder durch den Hochmut noch durch das Ich zu stören?
Sind in unserem eigenen Leben und bei unserer Suche nach einem tieferen geistlichen Leben die Sanftmut und die Demut – diese Eigenschaften, die Gott so wohlgefällig, in Christus Jesus gesehen so herrlich und als Früchte des Geistes im Leben des Gläubigen so schön sind – sind sie wirklich die Sehnsucht unseres Herzens und unsere zuversichtliche Hoffnung?
Ach, möge das in jedem Akt der Hingabe das erste sein, was wir von Gott erbitten: ein Herz, das durch seine unendliche Liebe gedemütigt wurde; ein Herz, das wir seinem Heiligen Geist übereignet haben, damit er in uns und in seinem Leib, der uns umgibt, das heilige Ebenbild Jesu, unseres Herrn, zum Vorschein kommen lasse. In einem Gott ausgelieferten Leben kann durch die Hilfe des Heiligen Geistes eine solche Demut zur bestimmenden Tendenz, ja zu einer Gewohnheit werden.
Wir betrachten das Werk des Heiligen Geistes. Wir wollen es nicht vergessen, den Gedanken der christusähnlichen Demut mit ihm und mit seiner Kraft in Verbindung zu brin-

gen. Allein in der Kraft des Geistes wurde Christus dazu geführt, sich selbst als Opfer vor Gott am Kreuz zu demütigen. Erst wenn wir das Leben des Geistes für uns in Anspruch nehmen, es empfangen und uns ihm völlig ausliefern, werden die Sanftmut und die Demut unseres Herrn in unserem Leben in Erscheinung treten. Wir wollen von ganzem Herzen daran glauben, daß er dies tatsächlich in uns bewirken kann und will.

Kapitel 12

Der Geist der Einheit

„Ein Leib und ein Geist" *(Epheser 4, 4)*

In unserem letzten Kapitel ging es uns um die Einheit im Geist und darum, wie diese in aller Demut, Sanftmut und Geduld im Umgang mit unseren Mitchristen zu verwirklichen ist, während wir einer den andern in der Liebe vertragen. In diesem Kapitel lautet unser Thema: *Der Geist der Einheit.* Dieser Geist ist die Quelle und die Kraft, durch die die Gläubigen als Glieder am einen Leib Christi einander dienen und so den Leib Christi auferbauen.

Die meisten Christen erkennen nicht, wie eng unser geistliches Leben verknüpft ist mit dem Wissen um die Bedeutung des Leibes Christi, dem Einblick in dessen Herrlichkeit und mit der Erfüllung des Dienstes, zu dem Gott uns innerhalb dieses Leibes berufen hat. Wer den Heiligen Geist und die Liebe Christi in sein Herz aufnimmt, versetzt jedem egoistischen Bereich seines Lebens den Todesstoß. Als Glieder am Leibe Christi liefern wir ihm unsere eigenen Interessen aus, um unser Leben und unsere Liebe voll und ganz Christus und seinem Leib zu geben. Das bedeutet, daß das Wohl eines jeden Gliedes am Leib Christi, mit dem wir es unmittelbar zu tun haben, zum Gegenstand unseres höchsten Verlangens wird. Wie nötig haben wir es, zu erkennen, was der Leib Christi in Wirklichkeit ist, nämlich das Gefäß, durch das der heilige Geist Gottes sich zu offenbaren trachtet.

Wir wissen, welch Meisterstück göttlicher Handarbeit der menschliche Körper ist – aus dem Staub gebildet und dennoch der Wohnort und das Werkzeug, durch das sich die menschliche Seele entfalten und ausdrücken kann. Das ist jedoch lediglich ein Bild oder Schatten des Leibes, dessen Haupt Christus ist. In bezug auf diesen Leib sagt uns unser Brief (1, 22.23): Gott „hat alle Dinge unter seine Füße getan und hat ihn gesetzt zum Haupt der Gemeinde über alles, welche da ist sein Leib, nämlich die Fülle des, der alles in allen erfüllt". Der Leib Christi soll ein Gefäß sein für die Fülle Gottes, die leiblich in Christus wohnt, und diese nach außen hin zeigen. Es heißt hier ebenfalls, daß „der ganze Bau ineinandergefügt wächst zu einem heiligen Tempel in dem Herrn, auf welchem auch ihr mit erbaut werdet zu einer Behausung Gottes im Geist". Der Brief erinnert uns daran, daß „Christus geliebt hat die Gemeinde und sich selbst für sie gegeben ..., auf daß er sie sich selbst darstellte als eine Gemeinde, die herrlich sei, die nicht habe einen Flecken oder Runzel oder des etwas".

Daraus geht hervor: Alles, was wir von der vielfältigen Vereinigung unserer Gliedmaßen mit unserem Kopf, alles, was wir über die wunderbare Macht wissen, die der Kopf hat, den einzelnen Gliedern Befehle zu erteilen und sie zu gebrauchen, alles, was wir über die Bereitschaft wissen, mit der jedes Glied am Körper sich um der anderen Glieder willen in den Dienst des Kopfes stellt – all das ist nur ein Schattenbild auf jene noch geheimnisvollere Vereinigung, durch die der Glaubende mit Christus verknüpft ist und sich ständig seinen Glaubensgenossen zur Verfügung stellt.

„Ein Geist, ein Leib." Dieser Leib Christi sollte die höchste Offenbarung der Herrlichkeit Gottes darstellen. Durch ihn sollte offenbar werden, daß Gott die Macht hat, aus Staub gebildete Geschöpfe, die unter die Macht des Teufels und der Sünde gefallen sind, zu Teilhabern am Ebenbild und an der Heiligkeit des in Ewigkeit gepriesenen Sohnes zu machen. Über dieses Werk in jedem einzelnen Gläubigen wacht der Heilige Geist und führt so den ewigen Ratschluß Gottes aus: daß sie alle eins seien, gleichwie der Vater mit dem Sohn eins ist. Erst wenn die Kirche sich ganz seinem göttlichen Wirken und seinem großartigen Plan ausliefert, dürfen wir damit rechnen, daß die Kraft des Heiligen Geistes in der Kirche selbst wie auch in den einzelnen Gliedern ungehindert walten wird.

In den darauffolgenden Versen wird uns deutlich, welches Werk dieser Geist der Einheit vollbringen möchte. Als Christus gen Himmel fuhr, schenkte er seiner Gemeinde die Gaben der Apostel, Propheten, Evangelisten, Hirten (Pastoren) und Lehrer, „daß die Heiligen zugerüstet werden zum Werk des Dienstes, dadurch der Leib Christi erbaut werde". Nicht die Apostel, Propheten und Pastoren haben den Leib Christi zu erbauen; es ist vielmehr deren Aufgabe, die Heiligen zu vervollkommnen oder auszurüsten, damit diese als Heilige ihren Dienst tun und den Leib erbauen. Jeder Heilige soll ausgebildet und ausgerüstet werden, damit er am Bau des Leibes Christi mitarbeiten kann. Jedes Glied an meinem Körper trägt dazu bei, daß der ganze Körper versorgt wird; ebenso soll auch jeder Gläubige seinen Platz im Leibe Christi einnehmen, die ihm zugeteilte Arbeit verrichten und für alle anderen Glieder am Leib Sorge tragen. Jedes einzelne Glied braucht die anderen Glieder. Jedes Glied hat die Aufgabe, für die anderen Glieder Sorge zu tragen. Jedes Glied sollte sich in der Liebe des Geistes so sehr mit dem ganzen Leib verbunden fühlen, daß es nicht nur alles meidet oder ablegt, was selbstsüchtig oder lieblos sein könnte, sondern sich auch aktiv dem Heiligen Geist ausliefert als Werkzeug der aufbauenden Gnade Gottes für alle, die schwächer sind als es selbst.

Hier sehen wir auch das Ziel: „Bis daß wir alle hinankommen zu einerlei Glauben ... und ein vollkommener Mann werden, der da sei im Maße des vollkommenen Alters Christi." Dies soll das Ziel jedes einzelnen Gliedes sein, nicht allein für sich selbst, sondern für alle Menschen in seiner Umgebung, damit der Leib Christi die Fülle Gottes darstellen könne. Mit dieser Haltung können wir wahrhaftig „wachsen in allen Stücken zu dem hin, der das Haupt ist, Christus, von welchem aus der ganze Leib zusammengefügt ist und ein Glied am andern hanget durch alle Gelenke, dadurch ein jegliches Glied dem andern kräftig Handreichung tut nach seinem Maße und macht, daß der Leib wächst und sich selbst auferbaut in der Liebe".

Die Beziehung dieser Wahrheit zu unserem geistlichen Leben und Gebetsleben ist klar. Wenn unsere Gebete nur auf unsere eigene Vervollkommnung und unser eigenes Glück abzielen, bringen sie sich selbst zu Fall; das egoistische Ziel verhindert die Erhörung. Nur in der Vereinigung mit dem ganzen Leib kann jedes Glied gesund und stark sein. Die Erbauung des Leibes in der Liebe ist für unsere geistliche Gesundheit unerläßlich. Wir wollen dafür Sorge tragen, daß die Fürbitte – „in allem Anliegen mit Bitten und Flehen im Geist ... für alle Heiligen" – der Beweis dafür wird, daß der Geist der Einheit in uns wohnt und in uns betet. Wir wollen uns „untereinander inbrünstig lieb haben aus reinem Herzen". Ob zu Hause, im Gebetskreis, oder in der Gemeinschaft mit dem Volke Gottes, wollen wir in Liebe über die anderen Glieder wachen, sie ermutigen und stets daran denken, daß wir niemals aufeinander verzichten können. Lassen wir den Geist der Einheit die Lebensquelle unserer persönlichen Andacht sein; dann wird uns die Gnade verliehen, unser ganzes Leben in ununterbrochener Hingabe an Christus und an seinen herrlichen Leib zu führen.

Kapitel 13

Das Betrüben des Geistes

„Betrübet nicht den Heiligen Geist Gottes“

(Epheser 4, 30).

Die Geschichte Israels und des ganzen Alten Bundes wird von Jesaja so zusammengefaßt: „Sie bedrückten und plagten seinen Heiligen Geist.“ Den gleichen Gedanken bringt Stephanus zum Ausdruck: „Ihr widerstrebt allezeit dem Heiligen Geist, wie eure Väter, also auch ihr.“ Aber der uns im Neuen Testament geschilderte Maßstab zeigt, daß dies nicht mehr der Fall sein sollte. Gott versprach seinem Volk ein neues Herz und einen neuen Geist zu geben. Sein Gesetz sollte auf dieses neue Herz geschrieben werden, und er wollte selbst seinen Heiligen Geist in dieses Herz hineinlegen. Dieser innewohnende Geist sollte sie dazu befähigen, Gott zu gehorchen.

Wenn also der Geist des Gottessohnes in uns wohnt und in unserem Leben regiert, sollte es nicht mehr vorkommen, daß wir unseren Vater betrüben. Diese Warnung: „Betrübet nicht den Heiligen Geist“ ist gleichzeitig auch eine Verheißung. Was uns die Gnade befiehlt, vollbringt sie auch in uns. Wer als Gläubiger den Wunsch hat, stets im Bewußtsein der Versiegelung mit dem Heiligen Geist zu leben, wird im Glauben die Gewißheit erlangen: Die Kraft und die Gegenwart des Geistes in ihm ermöglichen ihm ein Leben, bei dem er den Geist nicht betrübt.

Und doch ist die Gefahr so nahe und so groß. Wenn wir nicht ganz und gar unter der Kraft des Geistes leben, kann es vorkommen, daß wir seine Warnung nicht wahrnehmen. Darum ist es wichtig, daß wir uns alle Möglichkeiten vor

Augen halten, die sein Werk in uns verhindern. In diesem Zusammenhang (ab Vers 25) ist von Falschheit, Zorn, Diebstahl, faulem Geschwätz und von anderen Übertretungen des Gesetzes der Liebe die Rede. Diese sollen wir ablegen; alles, was zu einer Übertretung des göttlichen Gesetzes führt, wird unweigerlich den Heiligen Geist betrüben. Aber es geht hier um noch mehr. Denken wir einmal an die Gebote des Herrn Jesus. In den Seligpreisungen rief er uns auf, geistlich arm, sanftmütig, barmherzig und reines Herzens zu sein; er lehrte häufig die Notwendigkeit, unser Kreuz auf uns zu nehmen, uns selbst zu verleugnen, die Welt zu verlassen und ihm nachzufolgen. Zuallerletzt gebot er seinen Jüngern, sich so untereinander zu lieben, wie er sie geliebt hatte, und einander zu dienen. Das sind einige der Kennzeichen des himmlischen Lebens, das Christus durch sein Kommen bringen wollte. Alles, was sich mit diesen Eigenschaften nicht in Harmonie bringen läßt, wird unweigerlich den Geist betrüben und unsere Freude an seiner Gegenwart hindern.

Es geht sogar noch weiter. Wenn Paulus uns sagt: „Was nicht aus dem Glauben kommt, das ist Sünde", will er uns daran erinnern, daß das Wort Gottes zwar die großen Grundsätze unseres Verhaltens festlegt, aber die Anwendung dieser Grundsätze im täglichen Leben dem einzelnen, vom Geist geführten Gläubigen überläßt. In den kleinen Dingen, in den Grauzonen, in Angelegenheiten, bei denen nicht alle Gläubigen einer Meinung sein können, betrüben wir den Heiligen Geist, wenn wir nicht auf seine Leitung warten oder nicht konsequent nach dem handeln, was anscheinend seine Absicht ist. Unser ganzes Leben sollte unter seiner Herrschaft stehen mit einem wachsamen Herzen, bereit, in allen Dingen ihm zu gehorchen. Was nicht aus dem Glauben kommt, muß sofort Gott übergeben werden, sonst wird es möglicherweise zur Wolke, die das Licht des Geistes in seiner göttlichen Zartheit verdunkelt. In der Heiligen Schrift lesen wir vom Kampf zwischen dem Fleisch und dem Geist. Dort wird uns gesagt, daß der Gläubige einzig und allein durch die Kraft der Wahrheit im Geiste wandeln kann: „Welche aber Christo angehören, die kreuzigen ihr Fleisch." Wie Christus sein Leben und sein Fleisch dem Tode am Kreuz auslieferte, so nimmt auch der Gläubige das Gericht Gottes über seine ganze sündige Persönlichkeit, wie sie im Fleisch verkörpert wird, an. Sein eigener Wille, seine eigene Kraft, seine eigene Güte sind der Kraft des Kreuzes Christi ausgeliefert. Er lebt durch den Glauben: „Ich bin mit Christus gekreuzigt, Christus lebt in mir." Wenn wir dem Fleisch nachgeben und es ihm erlauben, in uns zu herrschen, werden wir notwendigerweise auch den Heiligen Geist behindern und betrüben. Ach, welch eine feinfühlige, demütige, wachsame Abhängigkeit vom Heiligen Geist und von seiner Leitung brauchen wir, um eine ungestörte Gemeinschaft mit ihm aufrechtzuerhalten!

Es ist die große Aufgabe des Heiligen Geistes, dem Gläubigen Christus in der Herrlichkeit seines himmlischen Lebens und in der Kraft, durch die er tatsächlich in unserem Herzen wirkt, zu offenbaren. Um diese Offenbarung vorzubereiten, überführt er uns als erstes der Sünde des Unglaubens. Jesus Christus umfaßt ganz und gar das Heil, das Gott für uns bereitet hat. Der demütige, gehorsame Lebenswandel, den er hier auf der Erde führte, ist für uns bereitet und kann allein durch den einfachen Glauben empfangen werden. Das eine große Geheimnis des Christenlebens ist dies: ein täglich erneuerter, ununterbrochener Glaube an die Person und an das Werk Jesu. Dadurch wird die Gewißheit in uns verwurzelt, daß er in jedem Augen-

blick unseres Lebens in uns wirken wird. Wo dieser Glaube nicht ausgeübt oder gesucht wird, da bleibt der christliche Lebenswandel vollkommen wirkungslos. Nichts betrübt den Heiligen Geist mehr als der Unglaube, der Jesus davon abhält, seine Kraft und Herrlichkeit zu entfalten, indem er uns aus der Macht der Welt und der Sünde befreit.
Wir haben es dringend nötig, die Einfalt und die Herrlichkeit des Evangeliums, zu dem wir uns *be*kennen, zu *er*kennen. In Jesus Christus wird ein neues Wesen für uns aufbewahrt und bereitgehalten – alles, was er durch sein Leben, seinen Tod und seine Auferstehung bewerkstelligt hat. Aus dieser Fülle der Erlösung dürfen wir schöpfen, Gnade um Gnade. Er ist das Weizenkorn, das starb; die Fülle des Lebens, die in Christus ist, pflanzt sich in uns fort und befähigt uns so, dem Vorbild seiner Demut, seiner Liebe und seines Gehorsams immer ähnlicher zu werden. Das geschieht nicht durch irgendeine Kraft, die wir in uns selbst hätten. Der Heilige Geist ist uns gegeben und lebt nun in uns, um unserer Seele das Leben Christi mitzuteilen und es in ihr zu erhalten. Wie eindringlich ist dieser Befehl: „Betrübet nicht den Heiligen Geist Gottes!“ Dieser unaussprechliche Segen geht uns nicht verloren, wenn wir uns nur ihm ausliefern!
Wir sind auf der Suche nach dem neutestamentlichen Maßstab eines Lebens in der Hingabe. Was zeigt uns unser Bibelwort über die diesbezüglichen Gedanken des Paulus? Hätte er, wenn einer seiner Leser ihn über seine eigene Erfahrung ausgefragt hätte, antworten müssen: „Ich betrübe und plage jeden Tag den Heiligen Geist?“ Sicher nicht. Wenn er es aber selbst nicht gesagt hätte, hätte er eine solche Erfahrung als Regel für andere festgelegt? Sicher nicht. Auf jede Frage hätte er geantwortet: „Ich bin mir sicher, daß jedes Gotteskind, das völlig in der Kraft des

Heiligen Geistes lebt, Gott wohlgefallen kann; es ist keineswegs nötig, den Geist jeden Tag zu betrüben."
Ob nicht vielleicht das niedrige Niveau des modernen Christentums einfach die Folge von Unwissenheit und Unglauben in bezug auf das übernatürliche Wirken des Heiligen Geistes in unserem Herzen ist? Paulus führte ein Leben der Hingabe in der Fülle und der Freude des Heiligen Geistes. Ist unser Maßstab vielleicht durch die Tatsache beschränkt, daß solch eine beständige Erfahrung so selten gelehrt und erlebt wird? Kann es sein, daß unsere Erkenntnis zu verstandesmäßig ist und daß wir den Heiligen Geist nicht als den einzigen Lehrer geistlicher Wahrheit ehren? Wir sollten jetzt zu dem Gebet aus dem ersten Kapitel (Vers 15 bis 23) zurückgehen und zu dem, was dort über die absolute Notwendigkeit gelehrt wird, vom Vater die Gabe des Geistes der Weisheit zu empfangen. Nur der Heilige Geist als einziger Lehrer kann uns befähigen, das himmlische Leben, das Gott für uns bereithält, zu verstehen und zu erleben.

Kapitel 14

Erfüllt mit dem Heiligen Geist

„Und saufet euch nicht voll Wein, daraus ein unordentlich Wesen folgt, sondern werdet voll Geistes: redet untereinander in Psalmen und Lobgesängen und geistlichen Liedern“

(Epheser 5, 18–19).

„Betrübet nicht den Heiligen Geist!“ „Werdet voll Geistes!“ Diese beiden Gebote umfassen unsere ganze Verantwortung dem Heiligen Geist gegenüber. Das eine ist negativ und warnt gegen alles in unserem Fleisch oder Ich, was zum Unglauben oder zum Ungehorsam gegen Jesus Christus führen könnte. Das andere ist positiv und ruft uns auf, unsere ganze Persönlichkeit in ungeteilter Hingabe dem Vater auszuliefern, der das Leben Christi in uns offenbart und erhält.

Um dieses Gebot: „Werdet voll Geistes!“ zu verstehen, brauchen wir nur die Geschichte von Pfingsten aufzuschlagen. Zu Pfingsten wurden die Jünger „mit dem Heiligen Geist erfüllt“. Aus dem Bericht geht hervor, was das für sie bedeutete. Drei Jahre lang hatten sie Tag und Nacht in engster Gemeinschaft mit dem Herrn gelebt. Seine Gegenwart hatte ihnen alles bedeutet. Als er davon sprach, sie zu verlassen, beunruhigte sich ihr Herz. Er aber versprach, daß der Geist kommen würde, nicht um ihn zu ersetzen, sondern um ihn als ihren Herrn zu offenbaren. Durch den Geist würde er dann immer bei ihnen sein, genauso, wie während seines irdischen Lebens, nur auf eine weit persönlichere und herrlichere Art. Er würde nicht mehr einfach in ihrer Nähe oder bei ihnen sein, ohne die Kraft, sie zum Gehorsam gegen seine Lehre zu befähigen. Er wollte vielmehr in ihnen leben und wirken, so, wie der Vater in ihm – in seinem menschlichen Leben – gelebt und gewirkt hatte. Mit dem Heiligen Geist erfüllt zu sein, das sollte für sie bedeuten, daß Christus auf dem Thron eine immer gegenwärtige, lebendige Realität für sie sein würde, die ihr Herz und Leben mit all seiner himmlischen Liebe und Freude erfüllt. Ihre bisherige Gemeinschaft mit ihm während der Zeit seines irdischen Dienstes sollte sich als Schatten erweisen im Vergleich zu jener intensiven, ununterbrochenen Vereinigung mit ihm, die der Geist auf mächtige Weise offenbaren sollte.

Das Gebot: „Werdet voll Geistes!" ist eine Verheißung, daß das, was die Jünger zu Pfingsten empfingen und woran sie sich erfreuten, auch für uns da ist. Die Kirche hat auf einem Niveau gelebt, das weit niedriger war als das pfingstliche Leben. Der Geist der Welt, der Geist der Menschenweisheit hat überhandgenommen. Nur wenige Christen glauben, daß es möglich ist, die ununterbrochene Gegenwart Christi im Herzen zu erfahren. Nur wenige Christen glauben, daß wir durch seine heilige Gegenwart die Sünde überwinden, durch das Feuer seiner Liebe zu täglicher Hingabe und zu vollkommener Selbstlosigkeit inspiriert werden, und jeden Tag durch die Führung seines Geistes in den ganzen Willen Gottes geleitet werden können. Die himmlische Schau des Christus, der zur Rechten des Vaters in der Kraft seiner unendlichen Erlösung dient, ist äußerst selten geworden. Sein Erlösungswerk schließt nicht nur die Errettung derer ein, die Buße tun, sondern sichert auch ein volles Heil all denen, die er durch sein einmaliges Opfer geheiligt hat. Das Ergebnis dieses Mangels an Glauben und Erkenntnis ist, daß nur wenige in der Kirche von der „überschwenglichen Größe seiner Kraft an uns, die wir glauben", Zeugnis ablegen können.

Die Bedingungen für den Empfang dieses Segens erkennen wir am ehesten aus dem Bericht über die Jünger selbst. Sie hatten der Welt den Rücken gekehrt und alles verlassen, um Christus nachzufolgen. Sie hatten gelernt, ihn zu kennen, ihn zu lieben und ihm zu gehorchen. Wie unser Heiland sagte: „Liebet ihr mich, so haltet meine Gebote! Und ich will den Vater bitten, und er soll euch einen andern Tröster geben." Sie waren in seinen Versuchungen bei ihm geblieben; er nahm sie durch die Erfahrungen des Todes und des Grabes mit; die Freude und die Kraft des Auferstehungslebens erfüllten ihr Herz mit Zuversicht und Hoffnung. Ihr ganzes Wesen war dem erhöhten Herrn auf dem Thron hingegeben, man könnte sagen, sie hätten sich „in ihm verloren". Sie waren also wirklich völlig darauf vorbereitet, die wundervolle Gabe zu empfangen, die über sie kommen sollte.

Der heutigen Kirche fehlt in tragischem Maße diese Absonderung von der Welt, diese entsprechende tiefe Verbundenheit mit Christus und dieser Gehorsam gegen ihn. Die Gemeinschaft mit seinem Leiden und die Teilhaberschaft an seinem Tod sind zu leeren Formeln geworden. Die Hingabe an den erhöhten Christus und die zuversichtliche Erwartung des ununterbrochenen Stromes lebendigen Wassers, der unter dem Thron entspringt, sind in der heutigen Kirche so gut wie ausgestorben. Kann es uns wundern, daß die Kraft Gottes im Leben unserer Kirchengemeinden so wenig erkannt und erlebt wird?

Schlagen wir noch einmal die Geschichte von Pfingsten auf. Denken wir über die herrliche Gabe nach, die der Kirche verliehen wurde. Obwohl die Jünger nicht sofort erkannten, was diese Gabe bedeuten würde, weckte der Geist in ihnen das Bewußtsein, daß er, durch den der Vater und der Sohn gekommen waren, um in ihnen zu wohnen, selbst wahrer Gott ist. Er war die überfließende Quelle, aus der Ströme des lebendigen Wassers erst in sie hinein- und dann in die Welt hinausfließen sollten. Er kam unmittelbar vom Thron Gottes, ruhte als Geist der Herrlichkeit und Geist Gottes auf ihnen und füllte ihnen das Herz mit der Liebe und der Kraft des verherrlichten Christus. Als die mächtige Kraft Gottes, die in ihnen wohnte, überzeugte er die Welt durch ihren Freimut und durch ihre Liebe davon, daß Gott wahrhaftig mitten unter ihnen war.

Wie sehr unterscheidet sich diese Erfahrung von der Vorstellung, die die meisten Christen vom Heiligen Geist haben. Wie sehr unterscheidet sie sich von der heutigen Erfahrung seiner Gegenwart und der Kraft, die er verleiht. Man hält den Heiligen Geist im allgemeinen für kaum mehr als einen geistigen Begriff oder ein vorübergehendes Gefühl der Kraft oder der Seligkeit. Wie selten ist die Erfahrung, daß er die Seele mit tiefer Ehrfurcht und Stille, mit himmlischer Freude und Kraft erfüllt, obwohl diese Dinge jedem Gläubigen als natürlicher und bleibender Besitz verheißen sind. In dem uns vorliegenden Brief wird der Name des Heiligen Geistes zwölfmal erwähnt; in seiner vielfältigen Gnade will der Heilige Geist das Leben und den Charakter der heutigen Kirche prägen, wie er es auch zur Zeit des Neuen Testamentes tat.

„Werdet voll Geistes!" Es gibt verschiedene Grade der Erfüllung. Es gibt die erste Freude des Neubekehrten in einer Erweckungsversammlung; dann weiter durch all die Erfahrungen, durch die er lernt, was er alles noch braucht und was Gott ihm zu geben bereit ist. Auf diese Weise wird er mit der ganzen Fülle Gottes erfüllt werden, die dadurch zu ihm kommt, daß Christus in seinem Herzen wohnt.

Zweierlei ist nötig, wenn wir ein Glas mit Wasser füllen. Zunächst muß das Glas leer, sauber und auch in seiner Stellung bereit sein, das Wasser zu empfangen. Zweitens muß

das Wasser in der Nähe sein, bereit, sich in vollem Maße in das Glas gießen zu lassen. Bei dem, was sich bei der Erfüllung mit dem Heiligen Geist zwischen Gott und Mensch abspielt, muß der Mensch erst die völlige Auslieferung kennenlernen und einsehen, wie unerläßlich die Hingabe der ganzen Persönlichkeit ist, Hingabe sogar bis zum Absterben der Welt und dem eigenen Ich gegenüber. Und zweitens muß der Mensch wissen, wie willig und bereit der heilige Gott ist, von unserem Wesen Besitz zu ergreifen und es mit seiner Gegenwart zu erfüllen.
Als unser Herr Jesus sagte: „Wer an mich glaubt, von des Leibe werden Ströme des lebendigen Wassers fließen", erhob er den einfachen Glauben an Jesus selbst zur einzigen Bedingung für die Erfüllung mit dem Heiligen Geist. Der Glaube ist keine Einbildung, er hat auch nichts mit Argumenten oder mit einer verstandesmäßigen Überzeugung zu tun; der Glaube beansprucht das ganze Herz und gibt die ganze Persönlichkeit hin; durch den Glauben vertrauen wir uns vorbehaltlos dem an, der von uns Besitz zu ergreifen sucht. Nur in diesem Leben aus Glauben, das wir durch die persönliche Andacht und durch Lobpreis und Anbetung, in ununterbrochener Abhängigkeit und durch vorbehaltlose Hingabe fördern können –, in diesem Glaubensleben ist der Segen zu finden. – Wir täten gut daran, sorgfältig zu überprüfen, inwieweit unser Herz gegenwärtig Gott hingegeben ist. Wir sollten unseren gepriesenen Herrn anrufen und ihn bitten, uns von allem zu befreien, was uns von einem Leben völligen Vertrauens und enger Gemeinschaft mit ihm abhalten könnte. Wir sind gerufen, so lange anzubeten und zu warten, bis Gott der Heilige Geist in uns wohnt und uns den Vater und den Sohn und dieses wunderbare himmlische Leben offenbart, durch das er so in unserem Herzen wirkt, wie er es droben im Himmel tut.

Kapitel 15

Das Schwert des Geistes

„Nehmt ... das Schwert des Geistes, welches ist das Wort Gottes“ (Epheser 6, 17).

Den letzten Abschnitt des Briefes beginnt Paulus mit den Worten: „Zuletzt: Seid stark in dem Herrn und in der Macht seiner Stärke.“ In 1, 19 hatte er bereits von der „überschwenglichen Größe seiner Kraft an uns, die wir glauben“, geschrieben und meinte damit die Kraft der Auferstehung, durch die Christus zur Rechten des Vaters erhöht wurde. In 3, 16 sprach Paulus davon, „daß er euch Kraft gebe nach dem Reichtum seiner Herrlichkeit, stark zu werden durch seinen Geist am inwendigen Menschen.“ Damit meinte er die göttliche Kraft, die diese Gläubigen normalerweise erfahren sollten. Sie sollen in ihrem Leben und durch ihr Leben beweisen, daß die Kraft Gottes, wie sie in seiner Gemeinde offenbar wird, eine göttliche Realität ist.

Der Heilige Geist ist die mächtige Kraft Gottes. Der geisterfüllte Christ soll gestärkt und für den Dienst für Gott und für den geistlichen Krieg, der um das Reich Gottes herum tobt, ausgerüstet werden. Paulus warnt die Gläubigen: „Wir haben nicht mit Fleisch und Blut zu kämpfen, sondern mit Fürsten und Gewaltigen, nämlich mit den Herren der Welt, die in der Finsternis dieser Welt herrschen, mit den bösen Geistern unter dem Himmel.“ Es ist für sie von ungeheurer Bedeutung, daß sie jeden Tag mit der ganzen Waffenrüstung Gottes bekleidet sind und in Christus und in der Macht seiner Stärke feststehen. Der Gläubige muß nicht nur den bösen Geistern begegnen, die ihn in Versuchung führen, sondern er muß sich auch als Soldat in dem Heer

sehen, das Christus bei seinem Krieg gegen das Reich der Finsternis in all seinen Erscheinungsformen anführt. Bei der geistlichen Kriegführung der Kirche soll der Sieg des Kreuzes über die Macht Satans in der gleichen Kraft ausgeführt werden, in der Christus das Grab besiegte.
Paulus sagte: „Zieht an den Harnisch Gottes" und fängt dann an, die verschiedenen Teile dieser Waffenrüstung zu definieren. Als Christen müssen wir erkennen, daß unsere ganze Persönlichkeit durch diesen Schutz des Herrn verteidigt werden kann. Wenn wir uns recht zu verteidigen wissen, können wir auch stets zu einem Angriff bereitstehen. Paulus erwähnt hier nur eine einzige Angriffswaffe: das Schwert. Es handelt sich um das Schwert des Geistes, das Wort Gottes.
Um seine Kraft zu erleben und um sie wirkungsvoll einzusetzen, müssen wir nur auf unseren Führer, den Fürsten über das Heer des Herrn, schauen. Als Jesus Christus in der Wüste dem Satan begegnete, überwand er ihn einzig und allein durch das Wort Gottes. Er hatte dieses Wort studiert, er liebte es, er gehorchte ihm und er hatte bis dahin in ihm gelebt. Der Heilige Geist fand in ihm die vertrauten Worte, mit denen er imstande war, jede satanische Einflüsterung zu widerlegen und zu überwinden. In der Stunde der entscheidenden Schlacht kann ich nur dann das Schwert des Geistes ergreifen, wenn ich bisher in diesem Wort geblieben bin und es in mir wohnen lasse, wenn ich es ausgelebt habe und meine Persönlichkeit von ihm bestimmen lasse. Der Geist Christi in mir gibt meinem Glauben die nötige Kraft, um Satan durch das Wort Gottes hinauszuwerfen. Nur der Mensch wird ein guter Soldat Jesu Christi sein, der sich mit seiner ganzen Persönlichkeit dem Worte Gottes ausliefert und der von einem jeglichen Wort lebt, das durch den Mund Gottes geht. Ob wir mit weltlicher Gesinnung,

mit offener Sünde oder verborgenem Laster, mit schwachem Glauben, mit finsterem Aberglauben, mit dem Namenschristentum, mit einer rückfälligen Kirchengemeinde oder mit dem Reich der Finsternis kämpfen – das Wort Gottes wird immer und überall die Siegeswaffe sein für diejenigen, die wissen, wie sie sie recht gebrauchen können.

Die wissen, wie sie sie recht gebrauchen können! Wir erfahren, was das heißt, aus der Vision des Johannes, der einen sah, der eines Menschen Sohne gleich war und „aus seinem Munde ging ein scharfes, zweischneidiges Schwert" (Offenbarung 1, 16). Später hörte Johannes, wie er sprach: „Das sagt, der da hat das scharfe, zweischneidige Schwert: ... Tue Buße; wo aber nicht, so werde ich bald über dich kommen und mit ihnen streiten durch das Schwert meines Mundes" (Offenbarung 2, 12.16). Erst nachdem Christus uns offenbart wurde und uns aufgerufen hat, über all unsere Sünden Buße zu tun, vor allem über die Sünde des Unglaubens, wenn er gegen uns und gegen das in uns wohnende Böse Krieg geführt hat durch das Schwert seines Mundes – dann wird die Kraft des Wortes in uns offenbar werden, dann werden wir so stark sein, daß wir dieses Wort als das Schwert des Geistes handhaben können.

Die Wirkung von Gottes Wort wird uns in Hebräer 4, 12 vor Augen geführt: „Denn das Wort Gottes ist lebendig und kräftig und schärfer denn ein zweischneidig Schwert und dringt durch, bis daß es scheidet Seele und Geist" (es zeigt uns den Unterschied zwischen allem Seelischen oder Natürlichen einerseits und dem Geistlichen und Göttlichen andererseits). Es „ist ein Richter der Gedanken und Sinne des Herzens", d.h. es deckt unsere heimlichen Absichten und Begierden im Lichte Gottes und seiner Heiligkeit auf. Nur die Rebe, die durch das Wort beschnitten

und gereinigt wurde, wird viel Frucht bringen. Nur die Seele, die sich dem Schwert seines Mundes völlig ausgeliefert hat, wird Glauben und Kraft genug haben, um es gegen jeden Feind schwingen zu können.
Jeder Christ ist berufen, ein Streiter Christi zu sein. Wir alle, die wir Teilhaber der göttlichen Natur geworden sind, sollen gegen die geistlichen Mächte der Finsternis ziehen und sie überwinden.
Wir dürfen nicht für uns selbst leben, sondern für den, der uns teuer erkauft hat. Vom Himmel aus führt er uns als seine siegreiche Schar, damit wir die Fürsten und Gewaltigen und die bösen Geister unter dem Himmel in die Flucht schlagen! Wie erstaunlich, daß so viele Christen ihre Berufung nie verstanden und ihr Leben nie vorbehaltlos dem einen Ziel geweiht haben, in dieser Welt den Triumph unseres Erlösers zu sichern!
Wir wollen auf die Verkündigung hören, die uns in den Krieg ruft! Wir wollen unsere Sünde bekennen und darüber Buße tun, daß wir bisher so selten stark in dem Herrn und in der Macht seiner Stärke waren! Wir wollen auf den Ruf hören, der in jeder Gemeinde erschallt: Daß Männer und Frauen sich Christus weihen mögen zu seinem Dienst zu Hause oder auf dem Missionsfeld!
Wir sollten dabei bedenken, daß wir die Kraft des Wortes Gottes durch das Gebet und die Fürbitte in unserem eigenen Leben zuerst erproben müssen, indem wir uns selbst dem Herrn hingeben und uns reinigen lassen. Nur so können wir es lernen, diese Kraft zu gebrauchen. Nur so kann uns die Liebe zum Herrn und die Liebe zu verlorenen Seelen in den Krieg rufen. Nur so kann das Wort Gottes für uns in Wirklichkeit zum Schwert des Geistes werden, so daß wir es stets an unserer Hüfte befestigt tragen, bereit, den Feind zu schlagen und seine Gefangenen zu befreien.

Wie hilflos kommt uns im Vergleich hierzu unsere heutige Kirche vor! Ihre dürftige Schar von Missionaren ist kaum darauf vorbereitet, die Not der Milliarden von Menschen zu beheben, die noch nie den Namen Jesus gehört haben. Wie stark könnte die Kirche aber sein, wenn nur jeder Gläubige dazu erzogen würde, sich dem scharfen, zweischneidigen Schwert auszuliefern, das aus dem Munde des Menschensohnes geht. Wenn das Wort Gottes sein Werk in unserem Leben vollbracht hat, werden wir die Kraft haben, es zu ergreifen, um denen, die in der Knechtschaft Satans dahinsterben, Befreiung zu bringen.
Gott möge uns vergeben, daß unser Gebetsleben so häufig aus dem vergeblichen Versuch bestand, im Worte Gottes Freude oder geistliche Speise zu finden. Wir versagten, weil es unser erster Gedanke war, für uns selbst Trost oder Heiligung zu suchen. Wir müssen es lernen, daß ein Christ zu Christus geführt worden ist, damit er ihn als Glied seines Leibes zum Wohl des ganzen Leibes gebrauchen kann. Das schließt auch die Menschen mit ein, die noch nicht in den Leib aufgenommen wurden. Unser Gebetsleben sollte von zweierlei gekennzeichnet sein: Von der völligen Auslieferung an das Wort Gottes als das zweischneidige Schwert, das Seele und Geist scheidet, und von der Hingabe, die notwendig ist, damit wir dieses zweischneidige Schwert im Glauben an die Kraft des Geistes Gottes gegen jeden Feind Christi und seines Reiches schwingen können. Wenn wir diese Bedingungen erfüllen, werden Licht und Segen in viele Stunden der Andacht hineinfließen.

Kapitel 16

Der Geist des Gebets

„Und betet allezeit mit Bitten und Flehen im Geist und wachet dazu mit allem Anhalten und Flehen für alle Heiligen und für mich ...“ *(Epheser 6, 18–19a).*

Diese Worte sind die Fortsetzung dessen, was Paulus unmittelbar davor sagte: Seid stark in dem Herrn, ziehet die ganze Waffenrüstung Gottes an. Wir haben gegen die bösen Geister unter dem Himmel zu kämpfen. So stehet nun, ziehet den ganzen Harnisch Gottes an, ergreifet sowohl die defensiven, als auch die offensiven Waffen und betet allezeit mit Bitten und Flehen im Geist. Die Kraft des Christen, der Ringkampf des Christen, sein Anziehen der göttlichen Waffenrüstung und sein Ergreifen des Schwertes des Geistes – alles muß in ununterbrochener Abhängigkeit von Gott geschehen. Ohne einen zuversichtlichen Glauben an seine voll ausreichende Gnade läßt sich nichts von all dem ausführen. Das Geheimnis des Überwinderlebens liegt in einem beständigen Gebetsleben. Das ständige Beten im Geist ist das Kennzeichen eines normalen Christenlebens.

Dieses beständige Gebet muß in Verbindung mit dem Heiligen Geist geschehen. So, wie meine Lungen immerzu atmen und mein Herz deshalb beständig weiterpocht, weil eine göttliche Kraft mein körperliches Leben aufrechterhält, muß auch der Heilige Geist in mir fortwährend jenes Gebetsleben ausströmen, wodurch die Kräfte des göttlichen Lebens und der himmlischen Welt aufrechterhalten werden. Das Heil kommt weder durch Werke noch durch Anstrengungen, noch durch das Ringen. Ich bin Gottes

Werk, geschaffen in Christus Jesus zu guten Werken, welche Gott, wie er verkündigt hat, schon vorbereitet hat, daß wir darin wandeln sollen. Als Gottes Kreaturen werden wir nicht uns selbst überlassen, sondern wir werden jeden Augenblick von seinem Wort der Kraft getragen. Unablässiges Gebet ist möglich und wird uns geboten, weil der ewige Geist es als ein geistliches Atmen der Seele in uns aufrechterhalten will.

Dieses beständige Gebet darf nie selbstsüchtiger Art sein und sich nur auf unsere eigenen Nöte beziehen: „Und wachet dazu mit allem Anhalten und Flehen für alle Heiligen." In diesem Brief lehrt Paulus die wichtige Wahrheit von der Einheit des Leibes Christi in der Liebe (2, 13–22; 3, 16.18; 4, 1–16; 5, 22–33). Vorher sprach er von dem Kampf gegen die Finsternismächte, zu dem die Gläubigen berufen sind; hier spricht er davon, daß die Einheit der Heiligen als das Heer des Herrn eine einzige, große Armee bilden, die durch den einen Geist lebt und deren Glieder alle zusammen um die Aufrichtung seines Reiches in dieser Welt kämpfen.

Anhaltendes Gebet für alle Heiligen ist nicht nur die Pflicht eines jeden geistlichen Soldaten; es ist auch das wesentliche Element, von dem das Wohl und der Sieg der ganzen Armee abhängen.

Aus Paulus' eigenen Fürbittegebeten können wir lernen, wie wir für die Heiligen beten sollen. Schlagen wir noch einmal Epheser 1, 15–23 auf und lesen wir das Gebet für die, die bereits mit dem Heiligen Geist versiegelt worden waren. Paulus bat Gott, ihnen den Geist der Weisheit und des göttlichen Verständnisses zu geben, damit sie die überschwengliche Größe seiner Kraft erkennen möchten in all denen, die da glauben. Ach, wie sehr haben es die Gläubigen nötig, daß diese Wahrheit einen sicheren Platz in ihrem

Herzen bekommt und sie gründlich mit Kraft ausrüstet! Wie nötig ist es, die Gläubigen, die diesen Segen schon empfangen haben, daran zu erinnern, für die zu beten, die ihn noch nicht haben! Die Gesundheit der ganzen Kirche und die geistliche Kraft der einzelnen Gläubigen oder Gemeinden hängt davon ab, daß mit allem Anhalten und Flehen für alle Heiligen gebetet wird.

Wir müssen uns auch dem Gebet in 3,14–21 zuwenden, wo Paulus seine Knie beugt und zu Gott ruft, daß er „nach dem Reichtum seiner Herrlichkeit" etwas Besonderes schenken möchte. Es war sein Wunsch, daß die Gläubigen mit göttlicher Kraft gestärkt würden, damit sie mit der ganzen Fülle Gottes erfüllt werden könnten.

Halten wir einmal inne und denken wir darüber nach. Echte Christen haben die Gebete derer dringend nötig, denen der Geist der Fürbitte gegeben wurde. Diese Gebete sollten eindeutig sein: Wir sollten flehen, daß der Geist der göttlichen Kraft ihren ganzen inwendigen Menschen ausfüllen möge, damit Christus in ihren Herzen wohnen kann und sie in der Liebe verwurzelt werden. Alle Gläubigen sollten sich im Gebet vereinigen und darum bitten, daß Gott diese Kraft im Leben eines jeden Christen zu einer kostbaren Realität mache.

Solches Gebet soll in der beständigen Hingabe an Gott geschehen. Das unablässige Flehen im Geist für alle Heiligen wird sich als Geheimnis wahrer Erweckung in Gottes Kindern erweisen. „Und für mich!" Der Hirte, der für die ihm anvertrauten Heiligen Fürbitte tut, hat es gleichermaßen nötig, daß sie für ihn beten. Das Blut in unseren Venen, das durch die frische Luft, die wir einatmen, gereinigt wird, pulsiert durch unseren ganzen Körper und sorgt mit lebendiger Kraft für dessen Zusammenhalt; in gleicher Weise ist auch der Geist des Gebets für die Gesundheit

eines jeden Gliedes am Leibe Christi unentbehrlich. Der Geist des Gebets atmet ständig die Atmosphäre des Himmels ein und läßt unaufhörliche Bitten der Liebe für den ganzen Leib und für jedes einzelne Glied gen Himmel strömen.
Der geistliche Dienst hängt von unablässigem Gebet ab. Der Pastor hat die Gläubigen so zu erziehen, daß sie so beten können. Das gehört zu ihren höchsten Vorrechten. Die Arbeit des Missionars, der wie Paulus das Evangelium zu den Verlorenen bringt, hängt davon ab. Wenn wir wirklich an die Kraft glaubten, die auf unsere Missionare käme als Antwort auf unsere unablässigen Gebete für sie, welche Gnade würde als Erwiderung auf sie kommen! Die Kraft, „mit freudigem Auftun des Mundes das Geheimnis des Evangeliums kundzumachen", käme über ihre Verkündigung. Vor Weisen und Unwissenden, vor Griechen und Juden, vor Mohammedanern und Götzendienern würde Christus wirkungsvoll als die Kraft Gottes und als die Weisheit Gottes gepredigt werden.
In unserem Gebetsleben brauchen wir eine Schau für die Arbeit, die noch getan werden muß. Eine Schau der gewaltigen Scharen böser Geister unter dem Himmel; eine Schau Jesu Christi, wie er, über allem erhöht, den Triumph des Kreuzes zu Ende führt; eine Schau der Pastoren und der Glieder Christi, wie sie zusammen arbeiten und kämpfen im Predigen und Beten für die Eroberung der Welt. Ach, welch neuen Sinn und welch neue Zielbewußtheit hätte dann unser Gebetsleben! Dies ist das Leben in dem Geist, der uns in diesem Brief offenbart worden ist – ein Leben der Stärke im Herrn und ein Leben der überschwenglichen Größe seiner Kraft in uns. Wir leben dann nicht mehr für uns selbst oder für unsere selbstsüchtigen religiösen Hoffnungen oder Bemühungen, sondern wir leben in der Liebe,

mit der Christus uns geliebt hat. Jeder muß sich selbst Gott darbringen als Opfer für den Aufbau des Leibes Christi. Möge Gott uns helfen, die Inspiration für den wahren Maßstab geistlichen Lebens zu erblicken, der uns in diesem Brief vor Augen geführt wurde. Wir brauchen die zweifelsfreie Zuversicht, daß Gott dieses Leben zu einer Realität machen wird – ein Leben des anhaltenden Gebets im Geist für alle Heiligen.

Kapitel 17

Zusammenfassung des Epheserbriefs

„Gott ..., der uns gesegnet hat mit allerlei geistlichem Segen in himmlischen Gütern durch Christus“ (Epheser 1, 3).

Der griechische Ausdruck, der hier mit „himmlische Güter“ wiedergegeben wird, wird im Epheserbrief fünfmal gebraucht. Gott hat uns gesegnet mit jedem geistlichen Segen „in himmlischen Gütern“ durch Christus; Er hat Christus zu seiner Rechten gesetzt; er hat uns samt ihm in das himmlische Wesen gesetzt in Christus Jesus; die mannigfaltige Weisheit Gottes soll jetzt den Fürstentümern und Herrschaften durch die Gemeinde kund werden; wir sollen ausgerüstet werden, damit wir gegen die bösen Geister unter dem Himmel kämpfen können. Das Leben des Christen wird aus diesem geistlichen und himmlischen Blickwinkel betrachtet. Nur in der Kraft der himmlischen Welt kann man als Christ leben.

Den Epheserbrief hat man „die Alpen des Neuen Testaments“ genannt. Wie ein Gipfel sich über den anderen erhebt, so führt uns der Apostel durch all diese himmlischen Wahrheiten: die Erwählung und die Erlösung, das Geheimnis des Willens Gottes und seines Ratschlusses in Christus, die Tatsache, daß wir mit Christus auferstanden und mit ihm gen Himmel gefahren sind, daß wir zu neuen Kreaturen geworden sind und die ganze Herrlichkeit des Leibes Christi. Während das Licht des Heiligen Geistes auf eine Wahrheit nach der anderen fällt, können wir erkennen, wie wahrhaft göttlich und himmlisch unser Leben auf dieser Erde sein soll.

Wir haben die zwölf Abschnitte betrachtet, in denen der

Heilige Geist erwähnt wird. In diesem Kapitel wollen wir versuchen, die Lehre dieser Abschnitte zusammenzufassen und festzustellen, ob wir uns ein genaues Bild machen können von dem Menschen, der berufen ist, nach diesem himmlischen Maßstab zu leben.

1. Die Versiegelung mit dem Geist. Der Gläubige ist in Christus durch den Heiligen Geist der Verheißung versiegelt worden. Dieser ist das Unterpfand unseres Erbteils. Der Heilige Geist ist der Garant dessen, was der Gläubige in Christus werden kann, die göttliche Zusicherung, daß jede Verheißung in Erfüllung gehen kann. Dieser Mensch trägt also das Siegel Gottes auf der Stirn; seine Persönlichkeit wird vom Heiligen Geist geprägt.

2. Es ist die erste große Aufgabe des Heiligen Geistes, die Augen unseres Verständnisses zu öffnen, damit wir wissen können, wozu wir von Gott berufen sind und wie die überschwengliche Größe der Kraft Gottes uns befähigen kann, unserer Berufung würdig zu leben. Der Heilige Geist offenbart, wie Gottes Kraft wirkte, um Christus von den Toten aufzuerwecken und ihn auf den Thron der Herrlichkeit zu erhöhen als den Garanten dessen, was Gott jeden Tag in uns bewirken will.

3. Der Gläubige, der durch das Blut nahe geworden ist, wohnt im Allerheiligsten und führt durch den Geist ein Leben des beständigen Zugangs zu Gott durch Jesus Christus.

4. Der Gläubige lebt nicht mehr für sich selbst. Als Baustein am großen geistlichen Tempel, der zu einer Behausung Gottes im Geist erbaut wird, weiß er sich durch den Geist mit dem Eckstein und mit allen anderen Heiligen verbunden.

5. Der Gläubige weiß um das Geheimnis Christi unter den Heiden und betrachtet all diejenigen als Miterben, denen

die unerforschlichen Reichtümer Christi noch offenbart werden sollen. Er lebt für das Königreich und für das Einsammeln der Verlorenen als Erbteil Christi.

6. Der Gläubige lernt, daß er sein Leben im himmlischen Wesen nur durch eine allmächtige Kraft verwirklichen kann. Er betet anhaltend darum, daß die Kraft des Geistes ihn mit Macht stärken möge, daß Christus durch den Glauben in seinem Herzen wohnen und daß er selbst samt allen Heiligen mit Liebe und der ganzen Fülle Gottes erfüllt werden möge. Er bittet für sich und für andere, daß Gott in seiner unendlichen Macht seinen Sohn in ihnen offenbaren möge.

7. Der Gläubige ist von Jesus, dem Sanftmütigen und Demütigen, geprägt. Er lebt seiner himmlischen Berufung würdig in aller Demut und Sanftmut und hält die Einheit im Geist aufrecht. Er weiß, daß er dies kann, weil Gott ihn mit Macht am inwendigen Menschen stärkt.

8. Der Gläubige weiß, daß es nur einen Leib und einen Geist gibt. Er ist einzig und allein dazu berufen, für das Werk des Dienstes an den Heiligen zu leben, damit der Leib Christi in Liebe auferbaut wird.

9. Der Gläubige trachtet vor allem danach, den Heiligen Geist Gottes niemals zu betrüben. Wie könnte er es wagen, das Siegel zu brechen, das Gott ihm aufgedrückt hat, den Geist eines heiligen Lebens? Nur wenn er in der Heiligung lebt, kann er teilhaben an all den Segnungen in himmlischen Gütern durch Christus. Er entwickelt einen zartfühlenden Geist.

10. „Werdet voll Geistes." Je besser der Gläubige die Seligkeit des Geistes und seines ganzen Werkes kennenlernt, desto intensiver wird das Verlangen in ihm wach, sich selbst in völliger Hingabe seiner Herrschaft auszuliefern. Gleichzeitig verspürt er das Bedürfnis, eine tiefergehende Schau

zu bekommen für die Reichtümer jener Gnade, die der Geist ausgießt. Er erkennt, daß die Erfüllung mit dem Heiligen Geist zu Frieden, Freude und Gerechtigkeit führt.

11. Die Versiegelung mit dem Heiligen Geist schließt den Ruf ein, Soldat zu werden und stark zu sein in dem Herrn und in der Macht seiner Stärke. Der Gläubige fängt an zu verstehen, warum ihm solch eine göttliche Macht verheißen ist. Ausgerüstet mit dem Schwert des Geistes, zieht er gegen die Mächte des Bösen in den Kampf und rettet Menschen für Christus und für seinen Dienst.

12. Der Gläubige versteht es, dem Ruf zu einem Leben des beständigen Gebets zu gehorchen und mit allem Anhalten für alle Heiligen und für alle Diener am Wort zu wachen. Der Geist macht es ihnen möglich, wahre Soldaten und Gebetskrieger zu sein.

„Gelobt sei Gott, der Vater unseres Herrn Jesus Christus, der uns gesegnet hat mit allerlei geistlichem Segen in himmlischen Gütern durch Christus!" Wir sollten so lange über den zwölffachen Segen nachdenken, bis wir erkennen, welch ein Heil Gott für uns vorbereitet hat. Ein Gläubiger soll mit dem Heiligen Geist versiegelt werden; er soll vom Geist gelehrt werden, um zu erleben, daß göttliche Kraft an ihm wirkt; er soll sich stets seines freien Zugangs zum Vater bewußt sein; er soll mit allen anderen Heiligen zu einem einzigen Tempel vereinigt werden, in dem Gott wohnt; er soll in das Geheimnis Christi unter den Heiden eingeweiht sein; er soll Kraft empfangen, stark zu werden durch den Geist am inwendigen Menschen, damit Christus in seinem Herzen wohnen kann; und er soll mit der ganzen Fülle Gottes erfüllt werden.

Was sein Alltagsleben betrifft, soll der Gläubige in aller Sanftmut und Demut leben und die Einheit des Geistes aufrecht erhalten; er soll in der Kraft des Geistes dienen, damit

der Leib in der Liebe auferbaut wird; er soll danach trachten, den Geist niemals zu betrüben, mit dem Geist erfüllt zu sein, und in seinem ganzen täglichen Leben das Gesetz der Liebe zu halten; er soll stark sein in dem Herrn und in der Macht seiner Stärke, um seine Bestimmung zu erfüllen, gegen Mächte der Finsternis zu ringen, das Wort Gottes als Waffe einzusetzen und für alle Heiligen zu beten.
Um diese Schau zu bekommen und zu behalten, brauchen wir Zeit, Nachdenken, Gebet und stilles Warten auf den Geist Gottes. Das hier geschilderte, vom Geist versiegelte, von ihm gelehrte, gestärkte und erfüllte Leben soll das normale geistliche Erleben der Christen sein. Wir müssen uns von uns selbst und von der Welt abwenden und es Gott erlauben, seinen ganzen Ratschluß nach dem Wohlgefallen seines Willens in uns zu bewirken.
Wir sollten nicht vergessen, mit welchem Ziel wir die Betrachtung dieses Briefes begannen. Wir wollen an den göttlichen Maßstab geistlichen Lebens glauben, der uns hier vor Augen geführt wird. Wir wollen an die allmächtige Kraft Gottes glauben, durch die wir uns dieses Leben aneignen können. Wir wollen glauben: Wenn wir in aller Aufrichtigkeit die Befreiung von unserem niedrigen geistlichen Niveau suchen, dürfen wir darauf vertrauen, daß die unendliche Barmherzigkeit Gottes das in uns bewirken wird, was uns sonst wie ein unerreichbares Ziel vorkommt: ein mit dem Heiligen Geist erfülltes Leben.

Kapitel 18

Um eures Unglaubens willen

„Warum konnten wir ihn nicht austreiben? Jesus aber antwortete und sprach zu ihnen: Um eures Unglaubens willen“
(Matthäus 17, 19–20).

In Verbindung mit dem vorigen Kapitel wünschte ich, es wäre möglich, meine Leser zu fragen, ob sie es für möglich halten, in ihrem eigenen Alltag dem Maßstab eines geistlichen Lebens zu entsprechen, wie wir ihn hier im Epheserbrief finden. Viele würden wahrscheinlich antworten, daß es wohl für Paulus und für die Menschen, die er „geistlich“ nannte, möglich war, nach einem solchen Maßstab zu leben, jedoch nicht für alle Christen; für sie selbst gebe es solch ein Leben nicht. Eine große Mehrheit der Christen ist mit der Vorstellung zufrieden, es handle sich hier um ein anziehendes Ideal, das zwar außerhalb unserer Reichweite sei, aber dennoch einen anspornenden und erhebenden Einfluß sogar auf die ausübe, die weit unter diesem Niveau bleiben.

Je länger ich mich aber mit diesem Brief beschäftige, desto tiefer wird meine Überzeugung: Paulus wollte in aller Aufrichtigkeit verkündigen, was Gott nicht nur durch eine Offenbarung gezeigt, sondern auch tatsächlich schon in ihm gewirkt hatte. Er spricht nicht nur im ersten Kapitel von der Offenbarung des Geistes, die uns „die überschwengliche Größe der Kraft Gottes“ erkennen läßt, sondern auch im dritten Kapitel von der Kraft, „stark zu werden durch den Geist an dem inwendigen Menschen“. Hierdurch soll das große Wunder der Gnade in uns zur Vollendung geführt werden, daß nämlich Christus in unserem Herzen wohnt

und uns mit der ganzen Fülle Gottes erfüllt. Wenn Paulus den Lobpreis noch hinzufügt: „Dem aber, der überschwenglich tun kann über alles, was wir bitten oder verstehen, nach der Kraft, die da in uns wirkt, dem sei Ehre in der Gemeinde", dann meint er zweifellos, daß das seine eigene Erfahrung war, und ruft zuversichtlich seine Leser auf, zu glauben, daß es auch die ihre werden kann. Die überschwengliche Größe der Kraft Gottes, die Stunde um Stunde, Tag für Tag im Herzen wirkt, ist die Grundlage für das hohe Maß an Hingabe, das uns Paulus hier nahelegt. Diese Hingabe braucht aber das unablässige Gebet, um diese Kraft kennenzulernen, an sie zu glauben und sie zu empfangen. Das zeigen die zwei großartigen Gebete, die Paulus in diesem Brief ausspricht. Ohne diese Kraft ist der Maßstab unerreichbar; aber mit dieser Kraft liegt er innerhalb unserer Reichweite.
Nun muß die Frage gestellt werden: Wie kommt es, daß die Wirkung dieser mächtigen Kraft Gottes in uns in der Kirche so selten gelehrt und erlebt wird? Liegt die ganze Kirche im Irrtum, da sie sich mit einem weit niedrigeren Maßstab zufrieden gibt, als dem, der uns in diesem Brief geschildert wird? Wenn wir diese Frage zu beantworten versuchen, entdecken wir die Wurzel der Problematik, unter der die Kirche zu leiden hat.
Wir wissen: Gott gab Abraham dem Volk Israel als das große Vorbild im Glauben an ihn, denn sowohl in den Umständen seines persönlichen Lebens, als auch bei der Opferung Isaaks glaubte Abraham, daß Gott imstande sei, den Toten das Leben zu geben. Doch wissen wir auch, wie das Volk Israel Gott immer wieder durch seinen Unglauben betrübte. Das fing schon in Ägypten an, und schließlich wurde das Volk deshalb dazu verurteilt, 40 Jahre in der Wüste umherzuirren. Aber auch noch während dieser Zeit,

so sagt es uns Psalm 78, „versuchten sie Gott immer wieder und kränkten den Heiligen Israels".
Wir wissen auch, daß unser Herr Jesus stets danach trachtete, seine Jünger zur Gewohnheit des Glaubens zu erziehen. Glaube war die einzige Bedingung für sie, die Kraft und die Herrlichkeit Gottes zu sehen. Gott setzte Paulus als den letzten der Apostel ein und gebrauchte ihn, um die Kraft des Glaubens nicht nur bei der Rechtfertigung, sondern im ganzen geistlichen Leben und Dienst zu bezeugen. Und doch: Genauso, wie Israel völlig darin versagte, an Gott zu glauben, wurde es auch von Anfang an in der Kirche sichtbar, wie wenig der Mensch versteht, was es heißt, allein durch das Vertrauen auf Gott erlöst zu werden. Wir wissen, wie gründlich die Galater versagten. Im Hebräerbrief wird sehr streng vor den Gefahren des Unglaubens gewarnt. Und wie schnell ließ sich die Kirche des zweiten Jahrhunderts unter die Knechtschaft eines Gesetzessystems bringen! Die ganze Kirchengeschichte zeugt davon, wie natürlich sich das menschliche Herz von der Gnade und dem Glauben abwendet und sich dem Gesetz und den Werken zuwendet.
Aus dem Leben der Kirchenväter geht eindeutig hervor, daß sie trotz ihrer Aufrichtigkeit kaum verstanden, daß das Geheimnis eines geistlichen Lebens im Glauben an die Kraft Gottes besteht. Das hatte zur Folge, daß sie eine Religion entwickelten, bei der die Gnade Gottes stets in Verbindung mit ausführlichen Sündenbekenntnissen gebracht wurde. Vom Glauben des Paulus an die Bewahrung und die rettende Kraft Gottes war nur noch selten die Rede. Die Generationen, die durch die Reformation das Evangelium von der Rechtfertigung durch den Glauben erfuhren, fanden es schwer zu begreifen, daß auch die Heiligung durch den Glauben kommt. Nur wenige Gläubige machten die

Entdeckung, daß man die Kraft zu einem heiligen Wandel und zur Überwindung der Welt und des Fleisches nur in einem unmittelbaren und anhaltenden Glauben an die überschwengliche Größe der Kraft Gottes in uns finden kann. Kann es uns also überraschen, daß die Kirche unserer Zeit immer noch durch den Unglauben gebunden ist und nicht an die mächtige Kraft Jesu glaubt?

Oft hören wir, wie Christen sich über die mangelnde Kraft der Kirche beklagen, sowohl ihre Mitglieder zur Hingabe an Christus und zum Dienst für sein Königreich zu führen, als auch die unerretteten Menschenmengen in unserer Welt zu beeinflussen. Es werden viele Ursachen erwähnt, aber die Hauptursache wird selten verstanden: Eine Kirche, die es nicht erlebt und verkündigt, daß die Kraft Christi im Herzen seiner Kinder wirkt, damit sie die Kraft der Sünde überwinden, kann bei ihrem Kampf gegen Satan und seine Heerscharen nicht jene mächtige Kraft erwarten. Es ist das erste große Werk des Heiligen Geistes, unseren Unglauben aufzudecken. Wenn dieses Werk der Überführung unvollständig ist, wird die Kirche unfähig sein, ihre Aufgaben zu erfüllen. Die Kirche muß zu dem Eingeständnis gebracht werden, daß ihre Schwäche einzig und allein darauf zurückzuführen ist, daß sie Christus den ihm gebührenden Ehrenplatz nicht eingeräumt hat. „Mir ist gegeben alle Gewalt im Himmel und auf Erden." Wenn die Kirche daran glaubt und es auch erlebt, wird sie es lernen, von Christus mächtige Werke zu erwarten.

Ich möchte noch einmal jeden Leser auffordern, sich die Frage zu stellen: Glaube ich, daß die Kraft Gottes in Christus das Leben in mir bewirken kann, das in diesem Brief dargestellt ist? Statt über die Sünden Leid zu tragen, die wir nicht überwinden können – Hochmut, Eigenwillen, mangelnde Liebe, unzulänglichen Gehorsam gegen den ganzen

Willen Gottes –, sollten wir lieber das Problem an der Wurzel packen und die schreckliche Sünde unseres Unglaubens bekennen – unseren fehlenden Glauben an „die überschwengliche Größe seiner Kraft an uns“, wie sie in Christus offenbart wird, und an die „Stärkung durch den Geist“, die uns in die Fülle Gottes hineinführt. Wenn wir uns durch Bekennen unseres Unglaubens dem Heiligen Geist völlig ausliefern, hat er versprochen, Christus mit Macht in uns zu offenbaren, so daß unser Leben in der Tat dem göttlichen Aufruf gerecht wird: „Seid stark in dem Herrn und in der Macht seiner Stärke.“

Kapitel 19

Bei Gott ist es möglich

„Wer kann denn selig werden? Er aber sprach: Was bei den Menschen unmöglich ist, das ist bei Gott möglich“
(Lukas 18, 26–27).

Wenn die Kraft des Geistes Gottes vor allem deshalb nicht in unserem Leben offenbart werden kann, weil wir denken: „Der Maßstab ist zu hoch“, so besteht unsere einzige Hoffnung im Hören auf die Stimme Christi, der uns sagt: Was bei den Menschen unmöglich ist, das ist bei Gott möglich. Gott kann in uns bewirken, was ganz und gar außerhalb unserer Reichweite zu sein scheint. Gott sehnt sich danach, durch seinen Geist alles in uns zu bewirken, was er in Paulus bewirkte. Wir dürfen uns auf die Heilige Schrift verlassen, die uns zusagt, daß Gott dies für uns tun wird. Wir wollen einmal darüber nachdenken, was diese große Gabe des Heiligen Geistes eigentlich bedeutet.
Es gibt nur wenige Wörter, die eine so vielfältige Bedeutung haben wie das Wort „Geist“. Dieser Begriff wird gebraucht, um das Bemühen und die Kraft des menschlichen Verstandes zu bezeichnen, es kann aber auch die höchste Offenbarung der Heiligkeit und der Liebe Gottes beinhalten. Das Wort „Geist“ wird so vielfältig gebraucht, daß die große Gefahr besteht, jeder könnte es gemäß seinem eigenen Standpunkt deuten. Wir, die wir uns mit dem Bereich biblischer Wahrheiten beschäftigen, leiden oft unter einer sehr einseitigen und mangelhaften Auffassung darüber, was mit dem Geist Gottes und Christi gemeint ist. Wir müssen unbedingt verstehen, was Gott sagen will, wenn er uns den Geist Christi verheißt.

Als Jesus Christus als echter Mensch in diese Welt kam, hatte er sich vorgenommen, seinem Vater in vollkommener Heiligkeit und Liebe durch sein ganzes Leben zu gehorchen. Es ist genau dieses Leben Christi, das Gott denen geben will, die an Christus glauben. Christus legte sein Leben freiwillig nieder, um hier auf der Erde in uns weiterzuleben wie das Weizenkorn, das erstirbt und später in der vollen Ähre mit ihrem hundertfachen Samen zum Vorschein kommt. Um dieses Ziel zu erreichen, wurde er vom Vater ausgesandt. Als er dann auf seinen Thron stieg, wurde der Geist als sein eigenes Leben in das Herz seiner Nachfolger ausgegossen. „Gott gab uns den Geist seines Sohnes, der da ruft: Abba, lieber Vater." Mit göttlicher Kraft teilt der Geist allen Gläubigen die Heiligkeit und das Wesen Christi mit, und zwar in dem gleichen Maße, wie sie glauben. Sie leben durch den Geist und werden vom Geist getrieben; der Geist ist ihr Leben.

Bei der wunderbaren Vereinigung göttlichen und menschlichen Lebens im Gläubigen hängt alles von dem Verhältnis zwischen dem Gläubigen und Gott ab. Gott muß in seinem Leben „alles in allen" bewirken, und der Mensch muß alles von Gott empfangen und es im Vertrauen und Gehorsam ausleben. Wo dies nicht verstanden wird, schiebt sich stets der Mensch mit seinem eigenen Bemühen dazwischen und übernimmt so die Rolle, die Gott selbst ausfüllen möchte. Der Mensch denkt, daß er den Weg zur Heiligung und zum Wachstum schon gefunden hat, wenn er nur durch ernsthaftes Gebet die Hilfe Gottes bei seinem eigenen Bemühen sichern kann. Er versteht nicht, daß der Geist absolut herrschen will und daß er selbst die Aufgabe hat, unmittelbar und ununterbrochen vom Geist abhängig zu bleiben. Das sieht man dort, wo zwei Männer darum beten, daß Gott ihnen z.B. den Geist der Weisheit oder der Kraft geben möchte. Der eine denkt dabei nur an die begrenzte Hilfe, die er schon immer mit dem Heiligen Geist in Verbindung brachte, während der andere damit rechnet, daß Gott überschwenglich tun wird über alles, was er bittet oder versteht. Das große Geheimnis im Leben eines Christen ist der Tod seines ichsüchtigen Lebens, die Hinführung zum Tod durch das Kreuz Christi, in welchem die Kraft des Todes Christi in uns offenbar wird. Wir wissen, daß unser Herr Jesus sein irdisches Leben aufgeben mußte, um dieses Leben seinen Nachfolgern mitteilen zu können. Er mußte in äußerster Schwäche und Kraftlosigkeit seinen Platz bei den Toten einnehmen, ehe er durch die Kraft Gottes wiederbelebt werden konnte. Sein Kreuzestod war für das Leben des Geistes unentbehrlich. Wie es aber Christus erging, so muß es auch uns ergehen. Nur wenn wir uns hingeben, um mit ihm in seinem Tod vereinigt zu sein, können wir an seiner Herrlichkeit und an der Kraft des Lebens im Geist teilhaben. Wer den Heiligen Geist kennenlernen will, der muß zuvor mit dem Tod vertraut sein. Das Werk des Kreuzes ist vom Werk des Geistes nicht zu trennen. Nur wer versteht, daß die Pforte zum wahren Leben im Tod des ichsüchtigen, alten Lebens zu finden ist, ist auf dem Weg, zu lernen, wer der Heilige Geist ist.

Es ist offenbar, daß in unseren Kirchen nicht sehr viel vom Heiligen Geist erwartet wird. Das Kennzeichen der Urgemeinde war die mächtige Gegenwart des Heiligen Geistes; das Kennzeichen der heutigen Kirche ist die fehlende Kraft im Geist. Unsere Bekehrungsversuche, unsere Predigten, unsere Gemeinschaft, unser Leben, unser Dienst für Gott und sein Reich – alles ist von einem schwerwiegenden Mangel an Kraft gekennzeichnet.

Endlose Gespräche werden geführt, viele Bemühungen werden unternommen in dem Versuch, unsere Gemeinden auf ein höheres Niveau zu bringen und um die große Masse der Menschen dazu zu bringen, daß sie die Wahrheit des Wortes Gottes anerkennt und annimmt. Seitens der ganzen Kirche jedoch ist noch nichts von dem getan worden, was wirklich gebraucht wird. Eine Veränderung wird erst eintreten, wenn wir ernsthaft und mit Reue bekennen, daß wir als Gemeinden und als einzelne Christen den Heiligen Geist Gottes betrübt haben. Ja, das gilt für dich und für mich, die wir berufen sind, ihn zu ehren und durch seine Gegenwart in unserem Leben zu beweisen, daß Christus wahrhaftig der Herr über alles ist.

Im Epheserbrief nimmt der Heilige Geist eine überragende Stellung ein. Paulus hatte einen bestimmten Grund, den Brief zu schreiben und ihn mit der Wahrheit über die Gegenwart und das Wirken des Geistes zu durchtränken. Der Kolosserbrief wurde etwa zur gleichen Zeit geschrieben und verrät viele Ähnlichkeiten mit dem Epheserbrief, besonders was die innere Verfassung des Paulus betrifft. Und doch gibt es einen auffälligen Unterschied zwischen den beiden Briefen. Im Kolosserbrief wird der Heilige Geist nur ein einziges Mal erwähnt, im Epheserbrief hingegen zwölfmal. Es ist, als habe Paulus das Bedürfnis gehabt, eine systematische Darlegung der Wahrheit zu verfassen, bei der die Gegenwart und die Kraft des Heiligen Geistes im Leben des Christen einen besonderen Platz einnehmen sollte. Wieviel hätten wir versäumt, wenn diese Beschäftigung mit der Person und der Kraft des Heiligen Geistes im Brief gefehlt hätte! Wir wollen also Gott für diese Gabe danken und versuchen, die Wahrheit der geistlichen Segnungen mit dem lebendigen Geist in Verbindung zu bringen, durch den wir sie alle empfangen.

Wir müssen uns vergewissern, daß wir mit dem Begriff „Heiliger Geist“ das meinen, was auch Gott damit meint. Er meint damit den Heiligen Geist, Gott den Geist, Gott den Heiligen, Gott in seiner Heiligkeit, der in uns wohnt. Je mehr wir uns diesem Gedanken hingeben, desto klarer werden wir diese beiden großen Wahrheiten verstehen. Als erstes müssen wir verstehen, daß wir im Heiligen Geist Gott in seiner Ganzheit begegnen, also nicht nur seiner Kraft, sondern dem lebendigen Gott selbst. Als zweites müssen wir verstehen, daß er die Herrschaft über den ganzen Menschen – Geist, Seele und Leib – beansprucht. Wenn diese beiden Wahrheiten zum Bestandteil unseres Lebens werden und wir an das denken, was Gott durch den Geist gern in uns bewirken möchte, werden wir zu der Überzeugung gelangen: Nichts kann ihn davon abhalten, sein Werk in uns zu vollbringen, es sei denn etwas in uns selbst. Wir werden erkennen, daß es unser dringendstes Bedürfnis ist, mit Christus dem ichbezogenen Leben zu sterben, so daß wir durch das neue Leben, das durch Christus in uns entstanden ist, zum geeigneten Wohnort werden können für den ganzen Segen, den die Gegenwart des Geistes mit sich bringt.

Kapitel 20

Ihm sei die Ehre

„Dem aber, der überschwenglich tun kann über alles, was wir bitten oder verstehen nach der Kraft, die da in uns wirkt, dem sei Ehre“ *(Epheser 3, 20–21a).*

Es gibt noch einen Punkt, den ich nicht so sehr betont habe, wie ich es hätte tun sollen, nämlich: Die Stellung, die die Kraft Gottes in diesem Brief einnimmt, und die sie auch im Leben des Christen einnehmen sollte. Der Leser muß zu der Erkenntnis kommen, daß alles bisher über den Heiligen Geist Gesagte nicht seine volle Wirkung haben kann, wenn er sich nicht auf besondere Weise völlig dem allmächtigen Wirken der göttlichen Kraft ausliefert. Diese Hingabe muß von einem sehr starken, persönlichen und bleibenden Glauben begleitet sein, daß diese Kraft bekannt gemacht und geehrt werden muß als *das* Geheimnis eines Lebens, das dem neutestamentlichen Maßstab gerecht wird. Einzig und allein Gott selbst kann uns das Verständnis seines Geistes geben, daß wir „die überschwengliche Größe seiner Kraft an uns, die wir glauben“, erkennen.

Es ist bemerkenswert, wieviel Wert Paulus darauf legt, daß unsere ganze Erlösung nur durch das Wirken der allmächtigen Kraft Gottes zustande kommt. In 1, 11 spricht er von dem „Vorsatz des, der alle Dinge wirkt nach dem Rat seines Willens“. Das gilt nicht nur für das große Werk der Befreiung durch Christus, sondern auch für jede Einzelheit im täglichen Leben des Christen. Allzu oft stellen wir uns Gott schlechthin als den Allmächtigen vor, der dort, wo er die Notwendigkeit sieht, in großer Macht eingreifen kann. Aber die Worte des Paulus weisen auf etwas Größeres hin:

Gott wirkt jeden Augenblick unaufhörlich nicht nur im Bereich der Natur, in jedem Blatt und in jeder Blume, sondern auch in seinen Kindern. Er bewirkt für sie alles, was sie benötigen, um seinen hochgelobten Willen auszuführen.
Inzwischen ist der Leser mit diesen Worten aus dem Gebet im ersten Kapitel vertraut: „Die überschwengliche Größe seiner Kraft an uns, die wir glauben." Paulus sagt hier seinen Lesern, daß die mächtige Kraft, durch die Christus von den Toten auferweckt wurde, auch für die täglichen Bedürfnisse ihrer Seele ausreicht. Diese Kraft kann alles in uns bewirken und durchführen, was Gott beschlossen hat und was er sehnlichst in uns sehen möchte. Erst wenn der Heilige Geist dir geistliche Einsicht in diese Kraft vermittelt und dich befähigt, das ständige Bewußtsein in dir zu tragen für das, was Gott in dir wirkt, wird Gott überschwenglich für dich tun können über alles hinaus, worum du gebeten oder woran du gedacht hast.
Der durchschnittliche Christ hat es sich zur Gewohnheit gemacht, nach dem Maßstab des Wortes Gottes zu streben und gleichzeitig zu beten, daß Gott ihm in seiner Schwäche helfen möge. Diese gewöhnliche Einstellung verfehlt aber völlig „die überschwengliche Größe seiner Kraft", die allein das Werk in uns vollbringen kann. „Die göttliche Schwachheit ist stärker, als die Menschen sind." Wir können die Stärke Gottes nur im Bewußtsein unserer eigenen äußersten Hilflosigkeit finden. Das war ja das Kennzeichen der Wirkung seiner Kraft in Christus. Unser Herr starb, sank in die absolute Kraftlosigkeit hinab und verlor auch die letzte Spur von Denk- oder Willenskraft. Er lieferte sich ganz dem Vater aus, und die Kraft Gottes hob ihn aus jener absoluten Schwachheit heraus an einen Ort der Kraft, auf den Thron. Nur wenn wir vom Heiligen Geist selbst gelehrt werden,

können wir diese überschwengliche Größe der Kraft Gottes, die in uns wirkt, kennenlernen.
Dieser Gedanke muß uns bestimmen, wenn wir den Maßstab geistlichen Lebens verstehen wollen, den Paulus uns vor Augen malt. Der Gedanke an das, was Gott in uns bewirken will, wird uns den Mut geben, einen Lebensstil zu sehen und anzunehmen, der ihm in allem wohlgefällig ist.
In 3, 7 redet Paulus von der Gnade Gottes, die ihm „nach seiner mächtigen Kraft" gegeben war. Anscheinend hatte er die unmittelbare Einwirkung Gottes auf seinen Dienst mit all der Gnade, die er dazu brauchte, erlebt und darauf vertraut. Im Kolosserbrief fügt er hinzu: „Ich arbeite und ringe nach der Wirkung des, der in mir kräftig wirkt." Der Mensch, der an diesem Prinzip des Glaubens festhält, wird aufhören, nach einer eigenen Kraft zu streben; seine ganze Haltung wird vielmehr von einfältiger Abhängigkeit und von vollkommenem Vertrauen geprägt sein.
Am Ende des dritten Kapitels kommt Paulus noch einmal auf die allmächtige Kraft Gottes zu sprechen. Im ersten Kapitel hatte er bereits davon gesprochen, daß wir die Erleuchtung des Geistes brauchen, damit wir erkennen, wie die Kraft, die Christus von den Toten auferweckte, in jedem Augenblick und in jeder Handlung unseres geistlichen Lebens in uns wirken muß. Im dritten Kapitel geht er dann weiter und betet darum, daß uns die überschwengliche Größe der göttlichen Kraft nach dem Reichtum seiner Herrlichkeit – ach, wenn wir uns nur die Zeit nehmen würden, um über die Bedeutung dieser Worte nachzudenken! – gegeben werden möchte, damit wir tatsächlich mit Macht durch seinen Geist an dem inwendigen Menschen gestärkt werden. Was kann das anderes bedeuten, als daß unser ganzes geistliches Leben mit einer solchen göttlichen Kraft ständig ins Leben gerufen wird, daß die persönliche, be-

wußte und ununterbrochene Innewohnung Christi in unserem Herzen zu einer göttlichen Realität wird. In der Kirche ist der Gedanke von der Innewohnung Christi als einer beständigen Erfahrung beinahe ganz verschwunden. Bevor diese aber in unserem Glauben und in unserem Erleben zu einer Realität werden kann, müssen wir es lernen, mit der überschwenglichen Größe der Kraft Gottes zu rechnen. Diese Kraft ist ein Bestandteil des Erbes eines jeden Christen, wovon der Heilige Geist das Unterpfand ist.

Der Lobpreis, den Paulus hinzufügt, zeigt, wie sehr seine Gedanken von der Kraft Gottes als der einzigen Bedingung für ein geistliches Leben erfüllt waren. In ihm gibt er Gott dafür Ehre, daß er nicht nur das tun kann, wovon vorher gesprochen wurde, sondern sogar „überschwenglich tun kann über alles, was wir bitten oder verstehen". Es gibt noch mehr Eigenschaften Gottes – seine Liebe, seine Gerechtigkeit, seine Heiligkeit –, um derentwillen wir seinen Namen preisen. Wir müssen jedoch daran erinnert werden, daß seine allmächtige Kraft stets unsere einzige Zuversicht sein muß für alles, was er in uns tun soll, um seinen Vorsatz auszuführen. Wir wollen uns Zeit nehmen, um ihn anzubeten und zu preisen – „Ihm sei die Ehre" –, bis wir alle unsere Gedanken über das, was in uns, in der Kirche und in der Welt getan werden muß, in dem einen Glaubensbekenntnis zusammenfassen können: „Der überschwenglich tun kann über alles, was wir bitten oder verstehen, nach der Kraft, die da in uns wirkt!"

Nur noch *ein* Wort. In seinem letzten Abschnitt (6, 10) faßt Paulus die Unterweisung, die er durch diesen Brief erteilt hat, mit den Worten zusammen: „Zuletzt, meine Brüder, seid stark in dem Herrn und in der Macht seiner Stärke." Er hatte dieses Wort schon in bezug auf die Auferweckung Christi benutzt (1, 19): „Nach der Wirkung seiner mächtigen Stärke“; und in 3, 16 betete er, „daß er euch Kraft gebe nach dem Reichtum seiner Herrlichkeit, stark zu werden durch seinen Geist an dem inwendigen Menschen“. Das sollte für die Christen in Ephesus der Maßstab ihrer Hingabe sein. Das wird auch der Maßstab unserer Hingabe werden, wenn wir es lernen, all unsere Schwachheit ihm zu Füßen zu legen und anfangen, mit kindlicher Zuversicht und Gewißheit an die überschwengliche Größe seiner Kraft in uns zu glauben. Dann werden wir ausgerüstet sein, um stark in dem Herrn und in der Macht seiner Stärke zu leben.

Anmerkungen

Zu Kapitel 6

1. „Aber ich dachte, sie hätten den Heiligen Geist schon bekommen! Ja, gewiß; aber hier sehen wir eine weitere Gabe des Geistes, einen tieferen Zug. Der gesegnete Strom des Heiligen Geistes geht für immer aus dem Vater und dem Sohn hervor. Dieses Werk wird nie vollendet. Es ist nicht wie das Werk Christi, das ein vollendetes Werk ist. Es gibt keinen Ausdruck in der Heiligen Schrift, der die Kraft oder das Maß des Ausströmens des Heiligen Geistes einschränken würde. Es gibt kein Wort, in dem es hieße, der Geist Gottes sei bereits zu einem Einzelnen oder zu einer Gemeinde gekommen und darum sei die Tür zu, weil es nichts mehr vom Heiligen Geist gebe. Wir sollen immer wieder empfangen und immer wieder verbrauchen, wobei wir doch immer in erwartender Stellung bleiben sollen. Wir müssen unser Herz immer wieder öffnen, um weitere Gaben des Geistes und weitere Versorgung zu empfangen; wir müssen es immer wieder den Wogen des Geistes erlauben, über unser Leben hereinzubrechen. Möge unser Gott uns alle neu überschwemmen mit noch mächtigeren Wogen von Wahrheit, Liebe und Kraft." – Pfarrer C. A. Fox, *The Spiritual Grasp of the Epistles* („Die Briefe des Paulus geistlich verstanden").

2. Der Geist war nötig, damit wir Gott selbst völliger erkennen konnten. Das im Griechischen benutzte Wort weist auf eine vertraute geistliche Wahrnehmung hin. Es folgen drei große Bereiche, in denen für christliches Leben geistliche Einsicht benötigt wird:

I. Die Hoffnung seiner Berufung – die Erkenntnis der Hoffnung, die Gott uns anbot, als er uns berief. In Vers 4 hatte Paulus gesagt: „Wie er uns denn erwählt hat…, daß wir sollten sein heilig und unsträflich vor ihm in der Liebe.“ Welch ein Licht fällt auf diese Worte, wenn der Heilige Geist uns zeigt, welche Möglichkeiten darin verborgen liegen und wie Gott selbst sie in uns verwirklichen will.

II. „Und welcher sei der Reichtum seines herrlichen Erbes bei seinen Heiligen.“ Es gibt ein zweifaches Erbe. Wir sind selbst Gottes Erbteil. Davon lesen wir in Vers 11: „Durch welchen wir auch zum Erbteil gekommen sind.“ Und Gott ist unser Erbteil. Davon lesen wir in Vers 14: „Der Heilige Geist, welcher ist das Pfand unseres Erbes.“ „Der Reichtum seines herrlichen Erbes bei seinen Heiligen“, das der Heilige Geist offenbaren soll, schließt beides mit ein. Die Worte aus dem Kolosserbrief (1, 27) zeigen, daß hiermit Christus in uns gemeint ist, „welcher da sei der herrliche Reichtum dieses Geheimnisses …, welches ist Christus in euch, der da ist die Hoffnung der Herrlichkeit“. Christus ist Gottes Schatz, der mit all seinen unerforschlichen Reichtümern in unserem Herzen wohnt.

III. „Und welche da sei die überschwengliche Größe seiner Kraft an uns, die wir glauben nach der Wirkung seiner mächtigen Stärke, welche er gewirkt hat in Christus, da er ihn von den Toten auferweckt hat.“ Diese Kraft bleibt so lange ein Rätsel, ein Geheimnis, bis der Heilige Geist sie offenbart, indem er uns einen erneuerten Sinn gibt, damit wir sie erkennen, uns danach sehnen und daran glauben.

Diese drei großen geistlichen Segnungen fassen zusammen, was ein Gläubiger wissen muß und was der Heilige Geist ihm zeigen muß. Zunächst muß er eine Schau dafür bekommen, was Gott aus ihm machen möchte. Dann müssen ihm die wunderbaren Reichtümer seines herrlichen

Erbes bei den Heiligen bewußt werden – nichts Geringeres als Christus in ihnen. Schließlich muß er zu einer lebendigen Gewißheit gelangen, daß die allmächtige Kraft des Auferstehungslebens Christi tatsächlich und unaufhörlich in ihm wirkt, um ihn für alles zu befähigen, was er für Gott sein und tun soll.

Wie dringend haben wir es nötig, an die Herrlichkeit dieses Geheimnisses zu glauben und an die Kraft, die es in uns freisetzt. Wie dringend haben wir es nötig, auf den Geist der Weisheit zu warten, damit er sie in uns offenbaren kann!

3. Die Lektionen, die dieser Text denen erteilt, die im vollzeitlichen Dienst stehen, sind von unschätzbarem Wert.

Sie weisen auf die drei großen geistlichen Segnungen hin, in denen alles zusammengefaßt wird, was der Christ über das wissen muß, was Gott für ihn bereitet hat.

Sie erinnern uns daran, daß es nicht ausreicht, den Gläubigen diese Wahrheiten zu predigen; die menschliche Weisheit kann sie nicht erfassen. Wenn dieses Wissen lebendig und wirksam sein soll, bedarf es einer Erleuchtung durch den Heiligen Geist, die uns zu geistlichen Menschen macht. Nur der geistliche Mensch kann geistliche Dinge entdekken.

Es ist Gott selbst, der Vater der Herrlichkeit, der als Erhörung unserer bestimmten und anhaltenden Gebete den Geist der Weisheit geben kann und will.

Der Lehrer, der vom Geist gelernt hat und das Gelernte anderen beizubringen versucht, hat die Pflicht, unaufhörlich zu Gott zu rufen, daß er die Gabe des Geistes der Weisheit über alle ausgießen möge, die die Lehre hören. Solche Lehre und ein solcher Gebetsdienst werden die Gläubigen in das erfüllte Leben hineinführen, das dieser Brief ihnen anbietet.

Mögen alle Prediger des Evangeliums dieses Gebet so lange studieren und durchbeten, bis jeder Gedanke an eine Predigt oder Bibelstunde über die Bedürfnisse des einzelnen Gläubigen oder des ganzen Leibes Christi von dem Fürbittegebet begleitet wird: „Vater der Herrlichkeit, schenke deinen Kindern den Geist der Weisheit und der göttlichen Offenbarung, damit sie dich erkennen und das, was du in ihnen zu bewirken bereit bist."

Zu Kapitel 10

1. *„Daß Christus wohne durch den Glauben in euren Herzen."*

In bezug auf seine eigene Bekehrung sagt Paulus: „Es gefiel Gott wohl, daß er seinen Sohn offenbarte in mir, daß ich ihn durchs Evangelium verkündigen sollte unter den Heiden." In unserem Bibelwort sagt er uns, daß diese seine eigene Erfahrung die eigentliche Summe und das Wesen seiner guten Nachricht war. Wenn er von den unerforschlichen Reichtümern Christi predigte, predigte er die Innewohnung Christi im Herzen der Gläubigen. Es war sein Verlangen, daß keiner seiner Leser darauf verzichten möge. Unaufhörlich flehte er zu Gott, sie stark werden zu lassen an ihrem inwendigen Menschen, damit sie durch nichts von diesem wunderbaren Segen abgehalten werden könnten. Viele Kirchengemeinden haben den Gedanken nicht gepflegt, daß Christen die Erfahrung der Innewohnung Christi suchen sollten. Doch ist die Lehre des Paulus ganz und gar in Harmonie mit der Lehre unseres gepriesenen Herrn. In der Nacht, bevor er verraten wurde, sagte er folgendes über die Gabe des Heiligen Geistes: „An dem Tage werdet ihr erkennen, daß ich in meinem Vater bin und ihr in mir und ich in euch." Er fügte dann hinzu: „Wer meine Gebote hat und hält sie, der ist es, der mich liebt. Wer mich aber liebt, der wird von meinem Vater geliebt werden, und ich werde ihn lieben und mich ihm offenbaren ... und wir werden zu ihm kommen und Wohnung bei ihm machen." Am Schluß seines hohenpriesterlichen Gebets bittet er: „Damit die Liebe, mit der du mich liebst, sei in ihnen und ich in ihnen." Offensichtlich meint unser Herr hier etwas, das weit über die anfängliche Gnade der Vergebung und der Wiedergeburt hinausgeht. Er spricht von etwas, das denen gegeben werden sollte, die ihn lieben und seine Gebote halten; von etwas, das eine besondere Gabe des Heiligen Geistes sein würde, der in ihnen lebt und wirkt. So betete Paulus auch darum, daß Gott etwas Besonderes tun möge und ihnen „Kraft gebe an dem inwendigen Menschen". In seinem Lobpreis gibt er Gott die Ehre, weil dieser „überschwenglich tun kann über alles, was wir bitten oder verstehen". Der Segen, den er uns vor Augen hält, ist der, in dem das geistliche Leben gipfelt als höchste Darlegung dessen, was Gottes mächtige Kraft in uns bewirken kann.

Christus soll in unserem Herzen wohnen. Wir wollen dort beginnen, wo auch Paulus beginnt: „Ich beuge meine Knie." Wir wollen im ernsthaften Gebet für uns selbst und für die Kinder Gottes um uns herum Gott anflehen, er möchte doch etwas nach dem Reichtum seiner Herrlichkeit tun, um uns aus unserer Schwachheit herauszuholen und uns in ein Leben hineinzubringen, das zum Lob seiner herrlichen Gnade dienen wird.

2. Die Verbindung zwischen der Stärkung durch den Geist und der Innewohnung Christi im Herzen wird mit großer Schönheit zum Ausdruck gebracht in einer Lebensbeschreibung von Miß E. Duncan in dem Buch *The Christ-life* („Das Leben in Christus") von Pfarrer J. B. Figgis. In einem

Brief, in dem sie über ihre eigene Erfahrung berichtet, schreibt Miß Duncan: „Ich muß dir schreiben, damit du mir helfen kannst, den Herrn zu verherrlichen. In dieser letzten Woche kam er wie nie zuvor in meine Seele, und ich fühle aufs seligste, daß er von mir Besitz ergriffen hat. Seit Monaten war es der Schrei meines Herzens, erfüllt zu werden, und jede Woche wurde das Verlangen stärker; nicht nach Freude, sondern nach ihm selbst. Ihn, ihn wollte ich erleben. Ich hatte mich nach dieser Erfüllung mit dem Geist gesehnt und darum gebetet, doch bat ich den Herrn auch, mich warten zu lassen, damit ich gründlich vorbereitet würde. Er ließ mich auch monatelang warten, aber während der ganzen Zeit wartete ich auf den Herrn und rief mit Tränen nach dem Segen. Am letzten Sonntagabend kam der Heilige Geist und ergriff ganz von mir Besitz. Ich weiß nicht, wie ich mein Erlebnis ausdrücken soll, denn in der erhabenen Wirklichkeit seiner beständigen Gegenwart scheine ich jegliches Gespür für Erlebnisse verloren zu haben. Als ich sagen konnte, daß ich weder das Glück noch die Brauchbarkeit, sondern allein Jesus haben wollte, da kehrte der geliebte Bräutigam ein, und ich bin ganz und gar mit ihm zufrieden. Ich habe Gott und mehr will ich nicht. Das Ich ist von dem triumphierend regierenden König unterworfen worden. Ich sehe, daß ich mich geirrt und getäuscht hatte, als ich mir einbildete, einen Vorrat an Gnade in mir zu haben. Ich hätte nicht nur erkennen müssen, daß ich nichts bin, sondern auch, daß ich nichts habe – daß aber Jesus alles für mich bereithält."
In ihren Briefen an ihre Freunde spricht sie davon, die Wahrheiten in bezug auf die Geistesfülle in ihrer ganzen Tiefe erlebt zu haben. Dem einen schreibt sie: „Sag ihr, sie solle nicht ruhen, bis sie mit dem Geist erfüllt ist." Einem anderen: „Vertraue ihm ganz, folge ihm ganz nach; ver-

traue weiter, bis Du die Fülle des Segens empfängst." Ihren Lehrerkollegen schreibt sie: „Darf ich Euch zum Abschluß eine Botschaft mitteilen? Werdet mit dem Geist erfüllt! Seid Ihr das schon? Erkennt Ihr, welch unfaßbarer Segen über Euch und von Euch kommen wird, wenn Ihr von ihm erfüllt seid?"

Trotz der Verheißung, daß das lebendige Wasser in uns zu einer ewigen Quelle werden wird, zweifeln viele Christen daran, daß es möglich ist, ein solches Leben beizubehalten. Aber der es schenkte, der kann es auch erhalten. „Man kann nicht oben auf den Gipfeln leben", sagt ein Pfarrer zu ihr. „Ich lebe schon seit Monaten dort", erwiderte sie. Und es waren Monate, in denen sie auch Leid und Qualen durchstand. Es wäre leicht, ihr absolutes Vertrauen auf Gott nachzumachen, aber sind wir bereit, diese Gipfel zu erklimmen? Sie wurde es nie überdrüssig, alle, die sie lieb hatte, dazu aufzurufen, nach der Fülle des Heiligen Geistes zu trachten, denn sie war davon überzeugt, seine Segnungen seien genauso für andere da, wie für sic selbst. Einem Bekannten teilte sie die Botschaft mit: „Gott kann sie in jedem Augenblick völlig ausfüllen; mich hat er seit Monaten schon mit sich allein erfüllt." Einem anderen schrieb sie: „Es ist mein ernsthaftes Verlangen, daß sie mit dem Geist erfüllt werden möge; dann wird sie wissen, was es heißt, mit und in Christus verborgen zu sein." An anderer Stelle sagt sie: „Früher betete ich: Herr, mache mich heilig, koste es, was es wolle – wenn es sein muß, mit körperlichen oder geistigen Qualen. Und Gott nahm mich beim Wort. Ich kann dir nicht sagen, welche Freude es mir bereitet, daß ich alles dem Herrn völlig weihte. Sag jedem Christen, daß es sich lohnt."

Dieses ganze Glück war nicht nur für sie. Später erlaubte es ihr Gott, seine Schau für die Verlorenen zu erblicken und etwas von seinem Erbarmen mit ihnen zu teilen. Als es ihr

nicht mehr möglich war, andere anzuflehen, flehte sie für sie vor Gott – „Ich flehte die ganze Nacht, wenn ich die Kraft hatte, und immer mit einer großen Gewißheit, erhört zu werden.“
Vielleicht wird der Unterschied zwischen einem Menschen, der mit dem Geist erfüllt ist, und einem, der es nicht ist, am deutlichsten, wenn sie schreibt: „Meine Lieblingssünde war der Hochmut, ich weiß es. Obwohl ich immer und immer wieder zu Gott um Befreiung betete, bekam ich niemals den Sieg, bis ich die Fülle des Geistes empfing. Ich hörte Lob sehr gern, und wie du weißt, bekam ich auch sehr viel davon; aber wenn mich jetzt die Menschen loben, scheint es mich nicht zu berühren – es läuft einfach an mir hinab, wie das Wasser an einem Deich. Ich fühle einfach, daß ich aus Sünde bestehe, aus Sünde und nichts anderem, und alles Gute in mir ist ganz und gar Gottes Werk, und ich möchte, daß jeder andere das auch so sieht.
Dies führt mich zur letzen Charaktereigenschaft, die ich hervorheben und unterstreichen möchte. Die Gnade, die in ihrem Leben gegenwärtig war, und die Herrlichkeit, die man an ihr sehen konnte, gehörten nicht ihr, sondern sie wurden ihr geschenkt. Während eines tief bewegenden Gesprächs sagte einer ihrer Ärzte, als sie auf den anderen Arzt zu sprechen kamen: „Ach, er fühlt sich genauso wie ich – nicht gut wie Sie, sondern böse.“ „Halten Sie mich denn für gut?“ „Gewiß.“ „Ich bin es aber nicht. Wir sind uns beide genau gleich – wir sind beide arme Sünder; aber hier liegt der Unterschied: Was Sie an mir sehen und für gut halten, ist nicht meine Persönlichkeit. Das ist nicht Emmeline Duncan, sondern das wunderschöne Gewand, das Christus um mich gelegt hat. Was Sie an mir mögen, das bin nicht ich, sondern das ist Christus. Er möchte aber auch Sie mit diesem Gewand bekleiden. Wollen sie mir nicht verspre-

chen, daß Sie stets beten werden: Offenbare dich mir, zeige dich mir? Gehen Sie einfach allein in Ihr Zimmer und reden Sie mit ihm. Er wird Sie erlösen; ich weiß, daß er es tun wird.“
Kein Wunder, daß sie vom überwältigenden Gefühl einer bewußten Vereinigung mit Jesus reden konnte.

Zu Kapitel 17

Siehe *The Alps of the New Testament* („Die Alpen des Neuen Testaments“), eine Betrachtung des Epheserbriefs von Miß A. P. Ferguson, Huguenot College, Wellington (Cape Town, Maskew Miller, o. J.).